Wilhelm Girschner

Die vormalige Reichsabtei Walkenried am Harz

Wilhelm Girschner

Die vormalige Reichsabtei Walkenried am Harz

ISBN/EAN: 9783742893161

Hergestellt in Europa, USA, Kanada, Australien, Japan

Cover: Foto ©ninafisch / pixelio.de

Manufactured and distributed by brebook publishing software (www.brebook.com)

Wilhelm Girschner

Die vormalige Reichsabtei Walkenried am Harz

Die

vormalige Reichsabtei Walkenried am Harz.

Ein Führer

für Freunde der Geschichte und Besucher der Ruinen

von

Wilhelm Girschner.

Nordhausen, 1870.
Verlag von Carl Haacke.

Am Südfuße des Harzes, in dem schönen friedlichen Thale der aus dem Gebirge kommenden Wiede, zwei Meilen von Nordhausen und eine halbe Meile von Ellrich, liegt der kleine Braunschweigsche Flecken Walkenried. Hoch überragen die dicht um sie geschaarten Häuser dieses Ortes die prächtigen Ruinen eines kolossalen Baues mit gewaltigem Gemäuer, kühnen Bogen und Strebepfeilern, welche, obwohl nur wenige Reste, den Beschauer noch erkennen lassen, daß eines der großartigsten und kunstreichsten kirchlichen Bauwerke des Mittelalters in Trümmer sank. Hier stand vor Zeiten die berühmte Cistercienser Reichsabtei gleichen Namens, welche in ihrer Blüthezeit zu den angesehensten und begütertsten deutschen Stiftern gehörte und selbst nach der Reformation sich noch lange bei ihrer Reichsunmittelbarkeit und im Besitze des sie umgebenden Gebietes bis zu ihrer Aufhebung im Westphälischen Frieden behauptete. Jetzt gehört das Stift, wie so viele seinesgleichen, freilich nur noch der Geschichte an, und selbst an seine prächtigen kunstvollen Gebäude, die Jahrhunderte lang als stumme Zeugen von der Herrlichkeit mittelalterlicher Baukunst gestanden, hat die Zeit ihre Alles vernichtende Hand gelegt.

Gegründet wurde die reiche Stiftung im Jahre 1127. Ein vornehmer Thüringer, Volkmar, (Volemarus de Thuringia, 1085 auch Volkmar von Walkenried — Folcmarus de Walkenreit — genannt), den man mit Unrecht einen Grafen von Klettenberg genannt hat, nach welchem und aus dessen Familie aber vielleicht die Grafen von Klettenberg entstanden, lebte längere Zeit in der Umgebung des Kaisers Heinrich IV. und nahm als dessen Rath oder Rathgeber (consiliarius) an seinem Hofe eine bedeutende Stellung ein. Doch als der Sohn des Kaisers, Heinrich V., sich 1105 gegen seinen Vater empört hatte, ließ sich Volkmar von diesem jungen Könige gebrauchen und war einer von denjenigen, welche 1106 Heinrich IV. zu Ingelheim, als er sich, angethan mit dem Schmucke Karls des Großen, auf den kaiserlichen Thron gesetzt hatte, vom Throne herunterrissen und ihn der Reichsinsignien entkleideten. Auch unter der Gesandtschaft finden wir ihn, welche Heinrich V. auf seinem Römerzuge im Februar 1111 nach Rom zum Papst sandte, wo er mit Kanzler Albert und den Grafen Hermann, Friedrich und Gottfried dem Papste für den mit dem Heere sich nähernden König schwört, daß der König und die deutschen Fürsten am nächsten Donnerstage den geschlossenen Vergleich beschwören würden, worauf der König gekrönt werden sollte. Vielleicht war Volkmar auch derjenige, welcher dem Papste, als dieser vor der Krönung in der Peterskirche dieselbe nur unter der Bedingung vollziehen wollte, daß Heinrich der Laieninvestitur feierlich entsage, drohend zurief: „Wozu so große Worte! Wisse, daß unser Herr der Kaiser die Krone so empfangen will, wie Karl, Pipin und Ludwig sie genommen haben!" Später fiel er bei dem Kaiser in Ungnade, und im höheren Alter empfand er wegen seiner Treulosigkeit gegen seinen alten Herrn und seiner Theilnahme an der harten Behandlung des Papstes heftige Reue und Gewissensbisse; dazu drückte ihn der Fluch des Bannes. So gedemüthigt und besorgt um das Heil seiner Seele, trat er i. J. 1118 als Konverse in das Benediktinerkloster Huysburg in der Diöces Halberstadt und überließ demselben mit Zustimmung seines Sohnes, seiner Gemahlin und seines Bruders alle seine Habe. Doch sollte das Vorwerksgut Walkenried mit allem Zubehör seiner Gemahlin, welche dasselbe vermöge des Ehepaktes zu ihrem Leibgedinge erhalten hatte, zu lebenslänglichem Genuß verbleiben und erst nach ihrem Tode dem Kloster Huysburg anheimfallen.

Nach einigen Jahren faßte auch seine Gemahlin, Adelheid, eine Tochter Ludwigs, des damaligen Herrn von der benachbarten Grafschaft Lohra, den frommen Entschluß, auf diesem ihr verbliebenen Vorwerke ein Kloster zu gründen. Der derzeitige Abt Alfried zu Huysburg wollte dies jedoch nicht erlauben. Da begab sich Adelheid nach Goslar zum Kaiser Lothar II., mit dessen Gemahlin Richniza sie weitläufig verwandt war, und stellte ihm ihre Angelegenheit vor, worauf der Kaiser die Sache also vermittelte, daß das Kloster Huysburg anderweitig entschädigt werden sollte. Sie trat daher für das Eigenthumsrecht auf die Villa und ihre Umgebung, wozu die Güter Immenrode (Grangia Gymerode, unter dem Kloster unweit der sogen. Pelzmühle, Wüstung zwischen Branderode, Oberfachswerfen und Guderleben), Schwansdorf oder Schwabersdorf, (dem Namen nach ein ganzes Dorf, wo es gelegen, ist unbekannt), Hundarobe (Hunderoth, Wüstung bei Ellrich) gehörten, andere Güter zu Werther, Witzleben, Benneckenstein und Schierstedt an das Kloster Huysburg ab. Hundarobe vertauschte sie wieder an die Abtei Fulda gegen das unfern von Walkenried belegene Gut Engelharderode. Auch das neu zu gründende Kloster durch seine Mönche erbauen zu lassen und mit denselben zu besetzen, weigerte sich der Abt von Huysburg. Als daher Adelheid eine Wallfahrt nach Köln unternahm und das Cistercienser Kloster Altenkampen (vetus campus, der erste Sitz dieses Ordens auf deutschem Boden), im Kölnischen Erzstifte, unweit der Grenze von Geldern belegen, kennen lernte, nahm sie von hier einen Abt und Konvent nebst der Versicherung eines reichen Ablasses für ihr zu errichtendes Kloster mit nach Haus. Sie gab den Mönchen nicht allein Walkenried mit den vorhin genannten Gütern und deren Zubehör, worunter Grund und Boden von Neuhof und Hilligshof (später Wiedigshof genannt) mit begriffen war, sondern auch das Gut Verbisleben bei Heringen, welches sie angekauft hatte, und überhaupt Alles, was sie nur aufbringen konnte, selbst ihren kostbaren Schmuck. Für alle diese Aufopferungen begehrte sie nichts, als daß der Konvent sie seiner guten Werke theilhaftig machen und nach ihrem Tode in die Klosterkirche begraben sollte.

Der Bau des neuen Klosters ward i. J. 1129 an der Stelle begonnen, wo das Vorwerk lag. Die Mönche selbst bezeichnen dieses Jahr als das der Stiftung durch ein Distichon, das in vielen Meßbüchern steht:

„Anno mileno centum septemque vigeno
Walkried exstruitur, Christus ubi colitur."

Und in der zuerst gedruckten deutschen Chronik heißt es: „By düsser tyd (1127) ward gestiftet das Kloster Walkenrede."

Die Gegend, friedlich und einsam gelegen, war ganz für einen Klosterbau geeignet. Wie die Benediktiner auf felsigen Bergen, so siedelten sich die Bernhardiner und die aus ihnen hervorgegangenen Cistercienser gern in friedlichen, mit Holz und Wasser versehenen Thälern an. So auch hier im Wiedethale, wo am Südfuße des Harzes Landgegenden beginnen, die mit sanften Bergen, angenehmen Gebüschen und fruchtbaren Feldern abwechseln. Da die Mönche unter ihrem ersten Abt Heinrich selbst mit Hand anlegten, so waren schon in Zeit von fünf bis sechs Jahren die nöthigen Kirchen- und Wohngebäude vollendet. Dies Kloster stand aber nicht auf der Stelle, wo jetzt die Ruinen zu sehen sind, denn hier wurde erst später ein neues Kloster aufgeführt, sondern fast eine Viertelstunde von diesem nach Mitternacht, weiter an der Wiede aufwärts und am linken Ufer derselben, in der Gegend, welche noch jetzt von den Umwohnern das „alte Walkenried" genannt wird, und wo noch im Anfange des vorigen Jahrhunderts einige wenige Ueberreste zu sehen waren. Auch waren die Gebäude dieses älteren Klosters bei weitem nicht so kostbar und ansehnlich wie die des späteren, sondern nur von bescheidener Bauart und mäßiger Größe. In einer zu Mühlhausen 1132 ausgestellten Urkunde bestätigte Kaiser Lothar II. als Oberlehnsherr die Schenkung von Walkenried durch Adelheid zu einem Kloster, fügte auch, vermuthlich durch Adelheids Vermittlung, noch einiges Anstoßende hinzu und verzichtete zu Gunsten des Klosters auf sein Wildbahnsrecht bei demselben und in den nahegelegenen Forsten. Die Grenzen dieser Wildbahn sind in der genannten Urkunde also bezeichnet: Imminrode, Sassimburc (Sachsenburg), Mosiberc (Mosberg), Schinberc (Eichberg), Ratheresrode (Wüstung zwischen Herreden und Hesserode.) Ferner vergrößerte der Kaiser das Gut Verbisleben durch Verleihung der dabei belegenen Reichsforsten und einer Wiese. Vermuthlich gleichfalls durch Adelheids Vermittlung, schenkte Bischof Udo von Naumburg 1133 die zu seinen Hausgütern gehörende Villa Kinderode. Am 13. Januar 1137 ertheilte auch Papst Innocenz II. seine Genehmigung. Hierauf ließ Adelheid, nachdem sie noch mit schweren

Kosten einen guten Vorrath von Reliquien angeschafft hatte, welche nach einem von Papst Gregor dem Großen im 7. Jahrhundert gegebenen Gesetz vor der Einweihung eines Klosters erst in Bereitschaft sein mußten, das neue Kloster zehn Jahre nach seiner Gründung, den 2. Mai 1137, durch den Erzbischof Adelbert von Mainz, in dessen Diöces dasselbe lag, zur Ehre Gottes, der heiligen Jungfrau und des heiligen Martin feierlich einweihen.

Nach Weise damaliger Zeit suchte die Stifterin ihr Kloster für alle Zukunft durch einen gewaltigen Fluch zu schützen, welcher urkundlich gegen denjenigen ausgesprochen wurde, der es wagen würde, dem Kloster Böses zuzufügen. Er lautete also:

„Wenn Jemand, er sei wes Standes und Würden er will, meiner Stiftung und dem, was ich von meinem Vermögen aus Andacht Gott, unserm Herrn Jesu Christo und allen Heiligen gewidmet habe, zu schaden sucht, dessen Name sei aus dem Buche des Lebens vertilgt, er sei allen Plagen unterworfen, mit welchen Gott den Pharao belegte. Verflucht sei er in seiner Wohnung, und nie wohne ein Gerechter bei ihm. Gott werfe ihn aus seinem Eigenthume und gebe es seinen Feinden, sein Loos sei das des Judas und sein Aufenthalt bei Dathan und Abiram; seine Aecker werden wie die zu Sodom, und sein Haus verderbe, wie Gomorra, in Feuer und Schwefel! Verflucht sei über ihm der Himmel und die Erde unter ihm unfruchtbar. Gott sende seinen Blitz auf ihn und zerschmettere ihn, Feuer und Schwefel verzehre den Räuber, und die Luft schicke Legionen Teufel auf ihn herab, ihn zu verderben; er sei verflucht vom Fuße bis zum Haupte, daß ihn die Würmer mit Gestank verzehren, und er verschütte sein Eingeweide, wie Judas. Er irre umher wie Kain, sein Leichnam werde von Vögeln und wilden Thieren verzehrt, und Niemand sei, der ihn begrabe. Verflucht seien alle seine Werke, verflucht sei sein Aus- und Eingang. Sein Tod sei der Tod eines Hundes, und wer ihn begräbt, sei von der Erde vertilgt. Verflucht sei die Erde, die seinen Leichnam aufnimmt. Er bleibe bei dem Teufel und seinen Engeln, und wenn er nicht Buße thut, komme er in's ewige Feuer!"

Dann wurde noch folgender Segensspruch für den Wohlthäter des Klosters hinzugefügt, der aber gegen die Verwünschung sehr mager und nüchtern erscheint: Er lautet deutsch also: „Denjenigen, welche nicht zugeben, daß diesem meinen Willen bei irgend einer Gelegenheit, auf irgend eine Weise und zu irgend einer Zeit entgegengehandelt werde, sondern durch ihre Mühe und Sorgfalt also anordnen und wirken werden, daß er immer in Geltung bleibe, werde der Friede Jesu Christi zu theil, und derselbe lohne ihnen in Zukunft, der da weiß, daß ich diese fromme Stiftung den armen Heiligen Gottes selbst für seine unendliche Liebe mit inbrünstigem Wunsche gewidmet habe."

Der Cistercienserorden, welchem die Mönche von Walkenried angehörten, war aus einer größeren Strenge und mehr Thätigkeit fordernden Reformation des mit der Zeit entarteten Benediktinerordens, oder eigentlich der Congregation der Kluniacenser, hervorgegangen. Letztere hatten nämlich ihrerseits schon den Orden der Benediktiner reformirt, verfielen aber selbst im 12. Jahrhundert in Folge der Reichthümer und Ehrenprivilegien und besonders wegen der Exemtion von der Bischöflichen Jurisdiktion in Zuchtlosigkeit, und wurden daher wiederum von den Cisterciensern reformirt und verdunkelt. Letztere folgten der strengeren Regel, welche der heil. Robert, Abt des berühmten Klosters Molismo in dem Bisthum Lingon, der von ihm gestifteten Abtei Cistertium (Citeaux bei Dijon in Frankreich, an einem wüsten, einsamen Orte gelegen) gegeben hatte. Später erhielten sie noch andere Regeln durch den heil. Bernhard, weshalb sie auch Bernhardiner genannt wurden. Sie unterschieden sich von den Kluniacensern hauptsächlich dadurch, daß sie noch strenger und ärmlicher lebten, aller Kirchenpracht, selbst den goldenen und silbernen Kreuzen abhold waren (wogegen später freilich die Mönche von Walkenried fehlten), gegen die Bischöfe anfangs unterwürfig sich bezeigten und keine Einmischung in die Seelsorge sich erlaubten. Ihre Ordenskleidung war ursprünglich grau, mit einem schwarzen Oberkleide, daher man sie im gemeinen Leben die grauen Mönche und ihre Vorwerke und Außenhöfe „graue Höfe" nannte, wie auch die Walkenriedischen Höfe in Nordhausen, Goslar, Göttingen c. hießen. Bei dem großen Beifall, den die Cistercienser überall fanden, wurden sie ersucht, ihren Orden weiter fortzupflanzen und auch in anderen Ländern Klöster zu bauen, wozu sie sich, da man ihnen reichliche Intraden anbot, willig und bereit finden ließen. Das erste Cistercienserkloster in Deutschland war das vorhingenannte Altenfeld oder Altenkampen. Diese Abtei, eine Tochter von Morimond und sieben Jahre nach diesem, i. J. 1122 gestiftet, verdunkelte bald das Mutterkloster und zählte 70 Töchter, darunter namentlich außer Walkenried Volkerode (in Thüringen), Amelungsborn (im Hildesheimschen), Hardeshausen, Michaelstein, Neuenkamp und vor allem das 1175 gegründete Altenzella in Sachsen, nächst Walkenried das berühmteste. Da auf diese Weise alle diese Klöster unmittelbar und mittelbar von dem zu Citeaux ihren Ursprung ableiteten, so waren sie stets dem dort sich versammelnden Generalkapitel untergeordnet, sowie wiederum den Klöstern, von welchen andere als Filiale sich abgezweigt hatten, eine gewisse Superiorität über diese zugestanden ward. Deshalb blieb auch Walkenried noch bis in das Reformationszeitalter von Altenkampen abhängig.

Hatten sich schon die Benediktiner um die Bodencultur verdient gemacht, so ergriffen die Cistercienser dieses Werk mit neuer Thätigkeit. Die Cultur der Niederlande ging größtentheils von der Abtei zu Altenkampen aus, indem ihre Mönche und Laienbrüder die sumpfigen und überschwemmten Landstrecken derselben, welche durch Schenkung und billige Erwerbung in den Besitz der Abtei gelangten, mit Hülfe abhängiger Bauern durch Gräben und Teiche zu entsumpfen und in treffliche Wiesen und Aecker zu verwandeln wußten. Die Mönche, welche von Altenkampen nach Walkenried kamen, brachten denselben Eifer, gute Kenntnisse und Erfahrungen für solche gewinnreiche Thätigkeit mit. Diese geltend zu machen, gab zunächst die Umgebung des neuen Klosters die beste Gelegenheit. Grund und Boden waren bruchig und zum Theil mit Holz bewachsen; die Mönche rodeten das Holz aus, legten an bruchigen Stellen Fischteiche an und füllten mit der ausgegrabenen Erde Vertiefungen aus, woraus Plätze zu einer fetten Viehweide entstanden. In der weiteren Umgegend fand sich bald noch andere Gelegenheit. Da das Kloster die Vermehrung seines Grundbesitzes zum Hauptziele seines Bestrebens machte, so suchte es einen gar nicht weit entlegenen Landstrich), die nassen, sumpfigen oder überschwemmten Gelände an der Helme in der goldenen Aue, das große Ried (Carectum) genannt, an sich zu bringen, welche es, da dieser Boden den Besitzern wenig eingetragen hatte, um einen mäßigen Preis erhielt. Den Walkenrieder Mönchen gelang es aber, ihm bald eine so reiche Ernte abzugewinnen, wie die umliegende goldene Aue sie hervorbringt. Sie ließen zu diesem Zweck mehrmals eine Anzahl Arbeiter und Bauern aus den Niederlanden kommen, was ihnen bei der Verbindung mit dem Mutterkloster Kamp nicht schwer wurde. Diese mußten die Brüche, Sümpfe und Moräste mittelst Eindeichungen und Ziehen von Gräben urbar machen und anbauen. Die so gewonnenen Ländereien überließen ihnen die Mönche gegen einen mäßigen Erbzins, und sie siedelten sich auf und neben denselben an.*) Es kamen noch eine Menge

---

*) Die tiefen und langen Gräben, welche manche Flur der goldenen Aue durchziehen, sind ein Zeugniß der Thätigkeit dieser Niederländer. An einigen Orten, wo sie zahlreicher waren, scheinen sie besondere Corporationen gebildet zu haben, wovon sich noch Spuren spät erhalten haben. So hatten die Fläminge in Görsbach, wo sie 46 Häuser und 16 Abtheilungen Wiesen und Land besaßen, einen besonderen Schulzen, in Berga deren zwei, für jede der beiden Fluren (das Vorried und das lange Ried, zum Theil in der Feldmark von Görsbach) einen, in Heringen ebenfalls zwei Schulzen für die 16 Abtheilungen flämischer Grundstücke in den beiden Fluren im Eller und vor dem Horn. (Bei Heringen lagen sonst zwei Dörfer Elre und Horn). Bei der Erwerbung flämischer Grundstücke mußten dieselben von den neuen Besitzern „verkirchgangt" werden, denn sie hatten keinen Lehnherrn, und der Kirchgang vertrat die Stelle der Belehnung. Auch dieser Umstand deutet auf eine ehemalige engere Verbindung mit einer geistlichen Stiftung, der Abtei Walkenried. Zu einem solchen Kirchgange berief der Schulze die Fläminge, die daran theilnehmen sollten, und dieselben hielten, die neuen zuletzt in der Reihe, nach dem Gottesdienste einen Umgang um den Altar, auf welchen ein Geldopfer niedergelegt wurde. Nach dem Kirchgange wurde von den Flämingen nebst der Geistlichkeit in dem Gemeindehause auf Kosten der neuen Fläminge gegessen und getrunken. Am meisten von dieser Feierlichkeit soll sich in Görsbach erhalten haben. In Berga ließ man den Kirchgang mit Geld abkaufen; doch hatte man daselbst noch einen besonderen Riedschulzen für die Theilnehmer am Ried. Den etwa versäumten Kirchgang sollte ehedem der neue Fläming mit der dritten Furche verbüßen. (E. G. Förstemann in: „Slaven und Fläminge in der goldenen Aue" in Nr. 7 des Nordhäuser Kreisblattes v. J. 1856.)

Schenkungen und Erwerbungen von Grundstücken in der goldenen
Aue hinzu, so daß das Kloster hier in kurzer Zeit die schönsten
Höfe, Ackergüter und Vorwerke besaß, von denen die größeren
von den Mönchen und ihren Laienbrüdern selbst bewirthschaftet,
die kleineren aber gleichfalls gegen einen geringen Erbzins ausgethan wurden. Ein Beweis dafür, wie bald das Stift in der
goldenen Aue Fuß zu fassen suchte, ist, daß dasselbe schon 1144
eine unbenutzte sumpfige Gegend (quaedam paludosa loca et
nulli usui dedita) bei Görsbach und 1155 einen mit Büschen
und Sträuchern bewachsenen Sumpf bei Heringen erwarb; desgleichen hatte Kaiser Friedrich I. das untere Ried durch den
Klosterbruder Jordan von Walkenried urbar machen lassen, weshalb dieser Kaiser dem Kloster auch dort Besitzungen verlieh,
nämlich die Bauplätze zu dem Vorwerk Kaltenhausen und zu
einer Mühle nebst ansehnlichen Ländereien. Außer diesem Vorwerk, welches im unteren Ried unter der Rothenburg lag, waren
die wichtigeren, die Walkenried in der goldenen Aue besaß: Numburg, Beringen (Berungenhöfen, Berungen, Wüstung nordost-
wärts unter Heringen), Berbisleben, Riethhof (bei Heringen), Lappe (Wüstung bei Heringen), Windehausen, Pfeffel (Mönchpfeffel oder pfiffel), Thalheim, Badra, Bodenrode (Wüstung bei Uthleben), Kaldenhusen (Wüstung nicht
weit von Numburg), Othstedt (Wüstung zwischen Bielen und
Windehausen), Rode (Wüstung, wahrscheinlich über Heringen nach
Nordhausen zu gelegen, wo selbst noch ein Ort Rode oder Rödi-
chen heißt), endlich Niclasrode (bei Urbach). Außer diesen
Landgütern gehörten Walkenried in der goldenen Aue noch viele
andere Aecker und einzelne Hufen, so daß hier endlich beinahe
keine Ortschaft getroffen wurde, in welcher das Kloster nicht
Grundstücke besaß oder Gefälle zu erheben hatte. Um die He-
bungen zu erleichtern und die für den eigenen Bedarf entbehr-
lichen Getreidevorräthe in den Handel zu bringen, wurde in der
Stadt Nordhausen ein ansehnlicher Klosterhof (der sog. Walkenrieder Hof, jetzt Hauptsteueramtsgebäude, aber freilich nicht mehr
der ursprüngliche Hof) erbaut, welcher die Hauptniederlage für
die einkommenden Zinsfrüchte war. Kaiser Otto IV. verlieh
i. J. 1209 für denselben die Befreiung von allen städtischen Ab-

gaben und Lasten, und Kaiser Friedrich II. gab 1219 den Brüdern zu Walkenried das Recht, in Nordhausen ohne Zoll zu kaufen und zu verkaufen, sowie bei jedem beliebigen Bürger zu wechseln, und sprach sie frei von jeder Steuer an das Reich oder zu der Stadt Nothdurft.

Der Gütererwerb des Stifts wurde nicht nur durch diese besondern, sondern auch durch mancherlei allgemeine ausgedehnte Kaiserliche und Päpstliche Privilegien sehr erleichtert. Schon Friedrich I. hatte ihm 1157 das Recht verliehen, von den Vasallen und Ministerialen des Reiches, auch ohne besondere Kaiserliche Genehmigung, Reichsgüter bis zu je drei Hufen durch Kauf, Tausch, Schenkung oder auf beliebige sonstige Weise zu erwerben, freilich unter der Bedingung, daß das Reich durch andere Güter von gleichem Werthe, welche ihm zu Lehn aufgetragen wurden, entschädigt werden müsse. Doch wurde diese Bedingung von Kaiser Otto IV. i. J. 1209 wieder aufgehoben, und bedurfte es überhaupt bei Erwerbung von Reichsgütern fortan der Kaiserlichen Genehmigung nicht mehr. Dieses, durch nachfolgende Kaiser erneuerte Privilegium war insofern von großer Wichtigkeit, als die Reichsgüter, ohne daß es der vorherigen Abfindung der Oberlehnsherrschaft bedurfte, sofort in das freie Eigenthum des Stifts übergehen konnten. Die Aebte von Walkenried machten daher auch den ausgedehntesten Gebrauch davon und richteten gerade auf die Erwerbung von Reichsgütern ihr hauptsächlichstes Bestreben. Nicht minder wichtig waren andere im Laufe der Zeit hinzukommende Kaiserliche Privilegien, welche, die Reichsunmittelbarkeit des Stifts feststellend, dasselbe von jeder andern Gerichtsbarkeit sowie von allen an andere Stände zu entrichtenden Abgaben, Diensten und Zöllen im ganzen Reiche befreiten. Nirgends wurde der Zehnte von Klostergütern entrichtet; die Mönche waren als reichsfreie Leute im ganzen römischen Reiche zollfrei, auch frei von aller Kontribution wegen ihrer Güter; kein Bischof durfte den Konvent der Güter wegen vor ein weltliches Gericht fordern. — Die Päpste bestätigten in der gewöhnlichen Weise dem Stifte alle seine Erwerbungen und sicherten dasselbe durch Androhung geistlicher Strafen gegen alle Beeinträchtigung, selbst von seiten der geistlichen Oberbehörden. Eigenthümliche

Päpstliche Privilegien machten es den Besitzern zur Gewissenspflicht, abgekommene oder veräußerte Klostergüter dem Kloster zurückzugeben, ja sie erklärten sogar die vom Stifte übernommenen Bürgschaften für nichtig.

Außerdem erlangte das Stift von dem Erzbischofe von Mainz (a. 1208 u. 1303) die Befugniß, in dessen Sprengel von Laien Zehnten bis zum Umfange von 500 Mansen zu erwerben, ja es durfte sogar Alle, welche ihm Unrecht thun würden, sofern sie der Gerichtsbarkeit des Erzbischofs unterworfen waren, selbst excommuniciren, wodurch allen möglichen Benachtheiligungen thunlichst entgegengearbeitet wurde.

Auf diese Weise breiteten sich die Besitzungen und Einkünfte des Stifts nicht nur in der goldenen Aue, sondern auch weiter durch Thüringen und Niedersachsen aus, ja endlich erlangte es dieselben sogar in den entferntesten Gegenden Deutschlands. Fast alle Dynasten Thüringens, namentlich die Grafen und Herren von Klettenberg, Stolberg, Hohnstein, Lauterberg und Scharzfeld, Schwarzburg, Kirchberg, Beichlingen, Lohra, Rothenburg, Mansfeld, Querfurt, Gleichen, Heldrungen, Sondershausen, Wechsungen, Werther, Tettenborn 2c., ferner das Erzstift Mainz, die Herzöge von Braunschweig, die Landgrafen von Thüringen, die Grafen von Everstein, Woldenberg, Regenstein u. s. w. kommen in der langen Reihe derer vor, von welchen Walkenried einzelne Aecker und Wiesen, Forsten und Teiche, Weinberge und ganze Güter erworben hat. Dazu kamen ansehnliche Schenkungen dieser Fürsten und Herren und anderer Reichsbegüterter, nicht nur an Grundstücken, Rechten und Besitzungen, sondern auch an Reliquien und Opfergaben, sowie deren reiche Vermächtnisse für Grabstätten im Kloster, Stiftungen für Seelenmessen und Aufnahme in die Brüderschaft des Klosters und in die Gemeinschaft seiner guten Werke.

Der zunehmende Reichthum des Stifts bewog die Walkenrieder Mönche auch, neue Klostergebäude von größerer Pracht und größerem Umfange aufzuführen. Doch ehe wir das alte Kloster verlassen, wollen wir zweier an dasselbe sich knüpfender geschichtlicher Vorfälle erwähnen.

Als Herzog Heinrich der Löwe i. J. 1194 auf der Reise

von Braunschweig nach dem Hofe zu Salfeld zu Kaiser Heinrich VI. begriffen war, um sich mit ihm auszusöhnen, stürzte er bei Bodfeld am Harze vom Pferde und brach ein Bein. Er ließ sich daher in das Kloster Walkenried bringen und wartete hier seine Heilung ab. Weil aber der kaum geheilte Beinbruch die weite Reise nach Salfeld nicht zuließ, so brach der Kaiser auf Bitten und Vorstellungen des Abts Ditmar von Walkenried vom Salfelder Hofe auf und zog nach dem Walkenried näher gelegenen Hofe Tilleda, wohin er auch den Löwen beschied. Dieser erschien daselbst, und die Aussöhnung kam zu stande.

Auch des Löwen Sohn, Kaiser Otto IV., kehrte, als er i. J. 1209 die Pfingsten in Braunschweig gehalten und darauf dem Reichstage zu Goslar beigewohnt hatte, in Walkenried ein. Zu eben der Zeit hielt gerade der große Konvent von 52 Cistercienser-Aebten hier eine Berathschlagung über Kirchensachen. Der Kaiser wurde mit großer Pracht und Ehrerbietung empfangen und etliche Tage mit seinem Gefolge herrlich bewirthet. Auch trug man ihm die Aufnahme in die Brüderschaft der Walkenriedischen Mönche an, was er mit großer Freude annahm und hinterher den Brüdern reichlich bezahlte. Desgleichen bezeigte er nochmals in einem Schreiben sein gnädigstes Wohlgefallen darüber, versicherte das Kloster seines besonderen Schutzes und bestätigte ihm alle erhaltenen Schenkungen und Freiheiten. —

Der neue Klosterbau wurde im Anfange des dreizehnten Jahrhunderts begonnen. Die Mönche wählten hierzu den eine Viertelstunde weiter gegen Mittag an der Wiede abwärts, auf dem anderen, dem rechten Ufer derselben gelegenen Platz, wo sich noch jetzt die Ruinen befinden. Die Brüder Jordan und Berthold, wohlgeübte Baumeister, ließen die hier stehenden Dornen und Sträucher ausroden, die sumpfigen Niederungen ausfüllen und das Wasser in besonders gemachte Teichstellen führen. Der größte Theil der Bausteine wurde aus dem eine kleine Meile entfernten, unfern des jetzigen Ortes Nüxey gelegenen Steinbruche entnommen, aus welchem die herrlichsten Sandkalkquadern gewonnen wurden, und dessen freie Benutzung die Grafen von Scharzfeld und Lauterberg als Eigenthümer dem Kloster überlassen hatten. Auch von dem alten Kloster, das allgemach abgerissen wurde, verwendete man viel Baumaterial. Da Päpste und Bischöfe solchen, die den neuen Bau würden befördern helfen, reichen Ablaß, Indulgenz und Befreiung vom Fegefeuer verhießen, so kamen alsbald von nah und fern eine ungeheure Menge Menschen herzugeströmt, welche ihre Hände, theilweise zu unentgeltlicher Arbeit, anboten. Andere brachten oder sandten bedeutende Summen Geldes. So wird unter anderm erzählt, daß ein wohlhabender Bürger aus Goslar mit einem vierspännigen Wagen voll Gold vor das Kloster gekommen sei, die Peitsche, um gar nichts wieder mit nach Haus zu nehmen, an den Sattel gesteckt und zu Fuß sich wieder entfernt habe. Die Sage hat ihn zu einem Engel gemacht, den der Himmel in irdischer Hülle herabgesandt habe. Obwohl Tausende von Händen daran arbeiteten, so erforderte doch ein Bau von solcher Pracht und solchem Umfange eine geraume Zeit; auch mag derselbe wohl, trotz der zu den bedeutenden Mitteln des Klosters von allen Seiten reichlich herzufließenden Beiträge, wegen Geldmangels, vielleicht auch wegen anderer Hindernisse in's Stocken gerathen sein. Denn, nachdem unter sieben Aebten daran gebaut worden, war das neue Kloster erst nach 80 Jahren vollendet. Im Jahre 1290 (nach Eckstorm 1294) geschah seine feierliche Einweihung. Froh, diesen Tag erlebt zu haben, schrieb der Abt Hermann an den Erzbischof Gerhard von Mainz, die Einweihung zu verrichten. Dieser war aber gerade wegen einiger in Erfurt vorgefallener Geschäfte behindert und erlaubte daher dem Konvente, sich an einen andern Bischof zu wenden. Die Wahl fiel auf den Bischof Siegfried von Hildesheim. Dieser kam auch im Juli genannten Jahres und weihte in Gegenwart vieler anderen Bischöfe und Aebte, Grafen und Herren und einer zahllosen Menge Volks das neue Kloster zu Ehren des Allerhöchsten, des Herrn Jesu, der Jungfrau Maria und des Bischofs Martin feierlich ein.

Es war ein Meisterwerk der Baukunst emporgestiegen, und das Kloster konnte zu den schönsten in Deutschland gerechnet werden. Namentlich hat man die Klosterkirche, das erste Gebäude, welches aufgeführt wurde, wegen ihrer Größe und äußerst kunstreichen Bauart für die einzige ihrer Art in ganz Deutschland gehalten. Sie war 270 Fuß lang, 117 Fuß breit, ohne das

Dach 74 Fuß hoch und ruhte inwendig auf 36 wunderschönen hohen Pfeilern. Im romanischen Stile erbaut*), hatte sie die Form eines Kreuzes, auf dessen Mitte der nicht minder prachtvolle und hohe Thurm mit vergoldeter Spitze und einer ungeheuren Glocke ruhte. Das Mauerwerk bestand aus fein bearbeiteten Quadern, die von innen und außen so in einander gefügt waren, daß es in der Ferne das Ansehen hatte, als wäre dieses große Kirchengebäude aus einem einzigen Steine ausgehauen. Inwendig waren zu beiden Seiten hinter den Pfeilern gerade Durchgänge gemacht, in welchen die Reliquien und andere Heiligthümer sich befanden und Processionen verrichtet wurden. Im hohen Chore, wo die kunstreich verzierten herrlichen Bogenfenster beinahe von unten bis hinauf unter das Dach reichten, standen viele vortreffliche und schön geschmückte Altäre, weshalb man diesen Ort auch das Paradies nannte.

Hierher wurde auch der Leichnam der Stifterin aus dem alten Kloster gebracht und unter dem Marienaltar beigesetzt.

Im Süden der Kirche lag das eigentliche Kloster, nämlich der Kreuzgang, welcher mit dem hohen Chore durch ein Portal verbunden war, das Kapitelhaus, die Wohn- und Wirthschaftsgebäude. Während des Kirchenbaues und nach demselben wurden auf dem Klosterplatze noch verschiedene sogenannte Kapellen erbaut, worin zu gewissen Zeiten aus besonderer Verordnung Messe und Seelengeräthe gehalten wurden; auch gebrauchte man selbige zu dem sonst gewöhnlichen übrigen Kirchendienste.

Zunächst dem sogenannten „langen Hause", worin sich die Zellen der Mönche befanden, stand, von Abt Dietrich 1238 erbaut und von dem damaligen Bischof Wilhelm von Havelberg eingeweiht, die Allerheiligen-Capelle oder die Capelle Johannes

---

*) Wie die einzelnen Baustile selten rein angetroffen werden, so ist auch Kloster Walkenried nicht ganz im romanischen Stil erbaut, welcher zu Anfang des 13. Jahrhunderts im europäischen Occident zu erlöschen und dem gothischen allmälig Platz zu machen begann. So haben die Fenster im hohen Chor und dasjenige über dem Portal schon etwas vom gothischen Spitzbogen, die Schwere der Mauermasse ist schon beseitigt, auch der Bau innen und außen schon reich verziert; der wahrscheinlich zuletzt erbaute Kreuzgang ist ganz im gothischen Stile gehalten.

des Täufers. Die Veranlassung zu ihrem Bau soll, wie der Chronist Eckstorm erzählt, folgende gewesen sein: Um die Zeit, da man mit dem Bau der Stiftskirche beschäftigt gewesen, habe sich eines Nachts ein großes Gepolter hören lassen, daß man geglaubt, das schon ziemlich weit gediehene Kirchengebäude sei wieder eingefallen; doch war bei anbrechendem Tage nicht der geringste Schaden daran wahrzunehmen. Selbigen Tages aber brach das ganze große Baugerüste mitten unter der Arbeit ein, so daß viele Werkleute theils getödtet, theils erheblich beschädigt wurden. Der heftige Schrecken darüber schlug dem Abt Dietrich in die Beine, so daß er ein ganzes Jahr lang lahm sitzen mußte. Damit aber durch seine Abwesenheit der Bau nicht gehindert werde, so ließ er auf Zureden des damaligen Grafen Albert von Klettenberg gedachte Kapelle auf das schleunigste aufführen, um in derselben mit seinen Mönchen nicht sowohl für die Arbeitsleute und andere Personen Messe zu lesen, sondern auch den Bau beaufsichtigen zu können. — In dieser Kapelle hatten die Grafen von Klettenberg ihr Erbbegräbniß, auch der Gemahl der Stifterin des Klosters, Volkmar von Thüringen, wurde hier beigesetzt. Dann folgte das Hospital, auch St. Michaels-, St. Annen-, der Mutter Marien- und Gangolph des Märtyrers-Kapelle genannt. Sie war von dem Abte Ditmar erbaut und i. J. 1281 von Theodoricus, Bischof von Verona, dazu gewidmet worden, daß die Armen und Reisenden darin sowohl ihre Andacht verrichten als auch von dem Kloster Speise und Trank, Herberge und Pflege erhalten sollten. Man findet gerühmt, daß Walkenried reichlich Almosen an die Armen gegeben, die Reisenden willig aufgenommen und das Hospital reichlich mit Speise und Trank versehen habe. Nachmals ließ Abt Johannes in dieser Kapelle noch einen Altar aufrichten und i. J. 1452 durch den Citrensischen Bischof Hermann in die Ehre des Erzengels Michael einweihen.

Gleich bei dem Eingange des Klosters, gegen Mitternacht zur linken Hand lag die Nikolauskapelle. Zu welcher Zeit sie erbaut worden, darüber findet sich keine sichere Nachricht. Leuckfeld vermuthet, daß es zu jener Zeit geschehen, als Kaiser Ludwig V. i. J. 1323 den Walkenriedischen Mönchen das Privilegium ertheilte, das Kloster mit Mauern und Wassergräben zu umgeben, und sei diese Kapelle wahrscheinlich zu gleicher Zeit mit der Mauer erbaut, indem sie in den Umkreis derselben an dem mitternächtigen Thore mit eingeschlossen war. Sie war ausschließlich zum Gottesdienste für das weibliche Geschlecht bestimmt, welches nach der Ordensregel der Cistercienser in der Charta Charitatis zu den Kirchen derselben keinen Zutritt hatte. Jedoch hatte Papst Innocenz III. auf inständiges Bitten des Walkenrieder Konvents dem Stifte so viel Dispensation ertheilt, daß Frauen vornehmen Standes bei dem Begräbnisse ihrer Angehörigen in der großen Kirche ihr Gebet verrichten durften. — In dieser Kapelle stand später ein sehr berühmtes silbernes Marienbild mit dem Jesuskinde, welches letztere in seinen Vorderfingern zwei Dornen hielt, die der Herzog Heinrich von Grubenhagen mit dem Beinamen de Graecia, der sie als Reliquien von der Dornenkrone Christi aus dem Morgenlande mitgebracht, dem Kloster i. J. 1351 geschenkt hatte. Die Dornen wurden den Wallfahrern zur Verehrung und zum Kusse dargeboten, das Marienbild selbst aber an gewissen Feiertagen in großer Prozession von den Mönchen herumgetragen und von diesen sowohl als vom anwesenden Volk göttlich verehrt. Abt Johannes VI. hatte es 1456 anfertigen lassen, als er zwei Ketzer, einen aus Sachsa, den andern aus Branderode, vor dem Kloster verbrennen ließ. Am Fuße des Bildes standen die Worte:

IN FESTIS MEIS ACCEDENTIBUS ALTARE MEUM ET ME DEVOTE HONORANTIBUS XII CARENAE LAXANTUR,

welche Leuckfeld in folgende deutsche Verse übersetzt hat:

„Wer mich an meinem Fest mit Ehrfurcht wird umfassen,
Dem sein zwölf Tage Fasten auch wiederum erlassen."

Nach der Reformation soll der lüderliche Abt Georg II. mit dem Zunamen Kreite wegen Geldmangels im Stifte dieses Bild haben umschmelzen lassen, gleichwie er auch aus dem vortrefflich gearbeiteten silbernen Rauchfaß, welches im hohen Chore an einer siebenunddreißig Ellen langen silbernen Kette hing, einige hundert Speciesthaler schlagen ließ. —

An der Morgenseite des Kreuzganges lag die Marienkapelle oder die Kapelle zur weißen Frau, in der Mitte des vierzehnten Jahrhunderts von Abt Eckard erbaut.

Ohngefähr zwanzig Schritt von der Stiftskirche gegen Morgen stand die Kapelle der heil. Juliane. Die Zeit ihrer Erbauung ist unbekannt. Jedoch wird ihrer unter dem Abt Georg i. J. 1516 gedacht, wo der Konvent der im Klettenbergschen ansäßigen abligen Familie des Bernd von Tettenborn, welche dem Stifte viele Güter zugewendet, Seelenmessen in dieser Kapelle zusichert. Deshalb wurde sie auch die Tettenbornsche Kapelle genannt, und hatte diese Familie vermuthlich sie zu ihrem Erbbegräbniß sich erbauen lassen.

Zu Leuckfelds Zeit, im Anfange des vorigen Jahrhunderts, waren von der Tettenbornschen und der Marien-Kapelle noch einige Rudera zu sehen; gegenwärtig ist jedoch von beiden sowie von allen übrigen außer der Johanneskapelle, welche noch ziemlich erhalten ist, keine Spur mehr vorhanden. Der Pastor und Prior Eckstorm (1591) legte bei der Tettenbornschen Kapelle nicht nur einen Garten an, sondern verordnete auch den mit einer Mauer umgeben gewesenen Ort zu einem Begräbnißplatz für die Klosterpersonen.

Diese Kapellen und auch das Hospital besaßen ein abgesondertes Vermögen, das durch Schenkungen allmälig anwuchs.

Mit einer mit Thoren versehenen Mauer und einem Wassergraben wurde das Kloster gleich einer Festung erst in der ersten Hälfte des vierzehnten Jahrhunderts umgeben, wozu Kaiser Ludwig V. i. J. 1323 das Privilegium ertheilte.

Um die Zeit der Vollenbaug des zweiten Klosterbaues stand Walkenried auf dem Höhepunkte seines Glanzes. Auf diesem hat es sich während des vierzehnten Jahrhunderts erhalten und erweiterte von Zeit zu Zeit noch seinen Grund- und Güterbesitz, welcher eine solche Ausdehnung gewann, daß er, zusammengelegt, ein nicht unbeträchtliches Fürstenthum hätte bilden können.

So hatte das Kloster außer den schon vorhin erwähnten Erwerbungen in der goldenen Aue in Schauen jenseit des Harzes durch Kauf und Tausch ein beträchtliches Besitzthum zusammengebracht, zu dessen Bewirthschaftung in der benachbarten Stadt Osterwiek 1341 ein Klosterhof angelegt wurde. Kaiser

Friedrich I. hatte 1157 Walkenried einen Antheil am Ertrage der Rammelsbergschen Bergwerke bei Goslar verliehen, das Stift vermehrte denselben noch durch Kauf; auch in der Stadt Goslar und deren Nähe gelangte es bald zu mancherlei Grundeigenthum, namentlich zu bedeutenden Forsten*), wie ihm unter anderm König Johann von Böhmen 1326 den Sutberg (Südnerberg) verlieh, so daß auch in dieser Stadt die Erbauung eines Außenhofes nöthig wurde. Einen eben solchen Hof besaß Walkenried in einem Dorfe bei Seesen, das früher Kemnate hieß, fortan aber von diesem Hofe den Namen Mönchehof annahm. Nahe bei der Straße von Seesen nach Gandersheim hatte das Kloster mehrere **Kupferhütten** theils selbst angelegt, theils angekauft — Casa Gravestorpeshusen, Gotekovo, Lancwelle et Herreshusen, Hormannushusen —, von deren Ausdehnung und Betriebsamkeit die jetzt noch vorhandenen Schlackenhaufen zeugen. Auch in Göttingen und dem benachbarten Roßdorf befanden sich Walkenriedische Klosterhöfe. Besonders in dieser Gegend waren die Stiftsgüter sehr einträglich und umfangreich. Walkenried besaß Häuser und Buden in Göttingen und außerdem bedeutende Ländereien in der Umgegend sowie den von Herzog Albrecht dem Feisten von Braunschweig erkauften Zehnten von der städtischen Feldmark. Da alle diese Güter abgabenfrei waren und außerdem manche Gerechtsame zum Nachtheil der Einwohner Göttingens genossen, so kam es dahin, daß der Stadtrath sich endlich i. J. 1475 der immer weiteren Ausbreitung derselben ernstlich widersetzte. Sogar von dem **Salzbergwerke** zu Lüneburg hatte Walkenried gleich vielen andern norddeutschen Stiftern sogenannte „Pfannengüter" angekauft, von denen es beträchtliche Einkünfte bezog, wegen welcher es jedoch häufig mit dem dortigen Rathe, der sie mit hohen städtischen Abgaben belegte, in Streitigkeiten verwickelt ward. Auch in der Mark

---

*) Bei Goslar besaß Walkenried noch zur Zeit der Reformation die Holzungen am Südnerberge, Mühlenberge und Greveken, das Bogenthal, das Steinholz, die vier Berge von der hohen Warte bis an's Kreuzholz im Gosenwinkel, vom Heiligenborn bis an den Kukuksberg, den Ulrichsberg und Dornenberg, wovon das untere Holz alle zwanzig Jahre an den Rath zu Goslar verkauft wurde.

erhielt das Kloster ein ausgedehntes Besitzthum, indem ihm die Markgrafen Johann und Otto von Brandenburg i. J. 1236 den See Colpni und hundert anliegende Hufen Landes schenkten, welchem die Bischöfe von Havelberg und Brandenburg i. J. 1237 Zehntfreiheit ertheilten. — In der Stadt Aachen waren mehrere Gefälle zu erheben. Die dortige Bürgerschaft machte Walkenried 1228 mehrere Schenkungen an Zinsen; der Kanonicus Reiner des St. Adelbertstiftes daselbst schenkte bei seinem Eintritt in Walkenried dem Kloster 1230 eine ansehnliche Rente. — Selbst in Pommern besaß das Stift in Folge der später erwähnten Verbindung mit dem dortigen Kloster Neuenkamp nicht unbeträchtliche Güter. — Sich mit dem Weinbau nicht begnügend, welchen es auf seinen Besitzungen in Thüringen: bei Orcußen, Bodenrode und Thalheim betrieb, brachte es auch einen Weinberg bei Würzburg, die Mittelhaibe genannt, welchen Abt Berthold 1202 von dem dortigen Abte erstand, an sich, wozu Abt Heinrich 1206 von einem reichen Kanonicus daselbst, Heinrich von Kirchheim, einen Hof zu Würzburg mit verschiedenen Kaufmannsgewölben, einer Kelter und dem dazu gehörigen Weinberge, der Steinbach genannt, erkaufte und nach etlichen Jahren Kuno von Würzburg noch mehr Weinwachs schenkte.

Die ansehnlichsten Güter des Stifts in der Grafschaft Hohnstein und deren Nachbarschaft waren außer den bereits früher genannten: **Rathsfeld** auf dem Kyffhäusergebirge, unweit Frankenhausen, 1268 mit dem Holz „Kammerleite" von Friedrich IV. von Rothenburg gekauft. **Fladendorf** oder **Fladeckendorf** (jetzt Flarichmühle bei Haferungen), vom Grafen Reinbodo von Beichlingen 1188 als Mühle geschenkt. **Crimmelberode** (Crimberode), von Graf Heinrich von Hohnstein 1268 sammt seiner dort befindlichen Kurie der Nicolauskapelle geschenkt. **Liebenrode**, vom Grafen Reinbodo von Beichlingen 1188 geschenkt. **Hillingsborn** (Wüstung unweit des früher genannten Immenrode), von Dietrich von Hillingsborn, einem kaiserlichen Beamten, 1140 geschenkt. **Ratherode** (Wüstung bei Herreden), wahrscheinlich gleich anfangs von Lothar II. dem Kloster geschenkt. **Günzerode**, vom Grafen Friedrich von Beichlingen 1188 geschenkt, wozu der Bruder desselben, Reinbodo, seinen Antheil am Dorfe, Mühlen und Holzungen dem Kloster überwies. Nohra, 1229 vom Grafen Dietrich von Hohnstein geschenkt. Klein-Wechsungen. Niedersachswerfen, worin das Kloster schon in der Mitte des zwölften Jahrhunderts einige Eigenthumsstücke erhielt. Urbach, in welchem bereits 1188 Kaiser Friedrich der Rothbart dem Kloster mehrere Grundstücke schenkte, wozu die Grafen von Hohnstein später noch einige hinzufügten. Straußfurt, von den Rittern von Hopfgarten 1444 gegen die Klostergüter in Mechstedt und mehrere Einkünfte in Urbach und Brüchter vertauscht.

Ein solches beträchtliches Gut, wozu bedeutende Ländereien, Fischereien, Forsten und Gerechtigkeiten gehörten, an welches auch hie und da als Aemter gewisse Dorfschaften und Dienstleute gewiesen waren, wird in den alten Urkunden Grangia genannt. Daneben hatte das Kloster auch kleinere Güter, sogenannte Kehln- oder Meierhöfe, wozu oft nicht mehr als eine Hufe Land gehörte, sogenannte Mansi (daher auch Mansus eine Hufe Land bedeutet), welche gegen einen jährlichen Zins an Geld, Früchten oder anderen Lebensmitteln ausgethan waren. Außerdem besaß das Kloster verschiedene Mühlen, von denen wir nur diejenigen in der Grafschaft Hohnstein anführen wollen.

Die Mühle zu Günzerode an der Helme, welche Graf Reinbodo von Beichlingen 1188 geschenkt. Die Mühle beim Riethofe, geschenkt 1147 vom Grafen von Rotenburg (jetzt nicht mehr vorhanden). Die Mühle beim Gute Berringen, welche das Kloster 1243 in einem Tausch für den Stauffenberg vom Grafen Dietrich von Hohnstein erhalten (ebenfalls längst eingegangen, doch ist der Mühlenhof daselbst noch bekannt). Die Obermühle zu Salza, geschenkt 1235 von Kunigunde von Werthern. Die Mühle in Himmelreichrode (Wüstung über Gr. Wechsungen), welche das Kloster 1222 mit einigen Aeckern von den Rittern von Heimburg erkauft. Die Mühle in Windehausen, welche Graf Dietrich von Hohnstein 1309 an's Kloster gegeben. Die Mühle bei Neuenhofe, 1558 von Christoph Pagenhard auf Anordnung Abt Johann Holtegels erbaut. Die

Mühle zu Nohra, welche später von dem Administrator Grafen Ernst von Hohnstein an seinen Kanzler D. Gerstenberg geschenkt war.

Um gute Fasten halten zu können, hatten die Mönche auch eine Menge Fischereien. Landgraf Heinrich von Thüringen und sein Bruder, Pfalzgraf Konrad, hatte ihnen 1234 das Recht ertheilt, in dem Weißensee bei der Stadt gleichen Namens zu fischen. Dasselbe Recht gaben ihnen 1234 und 1320 die Grafen von Hohnstein im Zorge- und Wiedeflusse in der Nähe des Klosters sowie im „kalten Graben" (ein Theil der Zorge bei Windehausen).

Im Jahre 1233 erhielt das Kloster vom Grafen von Klettenberg den Teich am Kranichborn, 1256 vom Grafen von Hohnstein den Teich „Himmelreich" unweit Walkenried, 1275 verschiedene Teiche von den Grafen von Beichlingen, 1303 von denselben den Teich bei Ustrungen, 1320 von den Grafen von Hohnstein den „Hegeteich", 1322 verkauften die Gebrüder Grafen Heinrich und Dietrich von Hohnstein ihre unweit der Klosterfischerei am Kranichstein belegene Fischerei nebst Zubehör an Walkenried, 1397 Ludwig Foydes einen Teich bei Sachsa, Netzebach genannt, u. s. w. Abt Matthias erhandelte 1470 vom Grafen Ernst von Hohnstein für 1000 Goldgulden etliche Fischteiche. Hierzu kamen die vielen um und bei dem Kloster und dessen Gütern gelegenen Teiche, und man sagt, es habe dasselbe so viel Fischteiche gehabt, als Tage im Jahre sind. Das herrliche Forellenwasser der dicht am Kloster vorbeifließenden Wiede hatten die Mönche so geleitet, daß sie diese delikaten Fische in der Küche fangen konnten.

Auch an bedeutenden Waldungen fehlte es nicht. Außer den bereits erwähnten in der Nähe von Goslar und den zu den einzelnen Gütern gehörigen gehörte Walkenried der ansehnliche Forst beim Kloster selbst. Auf dem Aweberge, nicht weit vom Kloster, wurde Forstgericht gehalten. Wie weit dieser Forst sich erstreckte, sehen wir aus einer Grenzbestimmung des um das Kloster unmittelbar herumliegenden ihm eigenthümlichen Gebietes, welche der Pater Kellner Johann Sunder i. J. 1533 zur Nachricht aufgesetzt und hinterlassen hat. Sie ist diese:

Vom Wiedawasser bis an den Ursprung der Steina, von diesem auf den Heidenstieg bis an den Weg nach der Oder und zum Quell des Crodenbachs, von diesem unterwärts an den Brunnenbeek nach der Sägemühle zu. Ueber dem Vogelsfelde zieht ein Graben nach dem Hellethal, wo der Weg über den Wippersnacken zum Wolfsbleek das Schwarzburgsche vom Walkenriedschen scheidet. Zwischen der Benneckensteinschen- und Klostergrenze stehen Grenzbäume hinter Hohegeiß nach dem Sulzehagen zu, über diesem geht die Grenze an dem Ellrichschen Forst auf der Seite des Stuffenberges in's Feld über die Zorge bis auf's Aweland unter dem Awenberge. Von der Awe auf dem Raine hin ist die Grenze mit Steinen und Gräben bemerkt. Von diesem zieht sie sich nach dem Bogenthale bis auf die Teichmühlen über dem Damme hin den Berg hinauf vor dem Guderslebischen Holze auf den Weg, der nach Nordhausen führt. Von diesem stehen um den Resenberg Malsteine bis an's Branderodische Holz, wo sich die Grenze um den neuen Hof zieht. Auf der Seite, wo man das Rosenthal heruntergeht, stehen Dornenbüsche und Steine zwischen den Branderodischen und Neuhoffschen Feldern, wo ein kleiner Rain bis zur linken Seite des Wassers befindlich ist. Von diesem nach Klettenberg hin über den Teichen steht am Berge ein Grenzstein, wo die Scheidung zwischen dem Kloster und Mackenrode und Tettenborn auf den Kranichstein, welcher dem Kloster gehört, nach der Rockenaue über Tettenborns Teichdamm hingeht. —

Kaiser Heinrich VI. hatte dem Stift die Freiheit verliehen, im Harze nach Belieben Holz fällen und Kohlen brennen zu lassen. Außerdem hatten die Mönche das Jagdrecht weit um das Kloster herum. Daß dieses Recht von ihnen oft unrechtmäßiger Weise überschritten wurde und deshalb Streitigkeiten mit benachbarten Grundbesitzern entstanden, welche nicht selten allerlei Unannehmlichkeiten zur Folge hatten, beweist der folgende, von Chronisten erzählte Vorfall:

Zwischen Abt Johann VII. und einem von Mitschefal, welcher in der Nähe Güter besaß, entstand i. J. 1481 eine große Streitigkeit wegen der Jagd. Der von Mitschefal beschloß, sich an den Mönchen zu rächen, und ließ deshalb ein eisernes

Halsband mit einem verborgenen Schlosse verfertigen, in dessen innerer Seite Stacheln angebracht waren. Der Verfertiger desselben hieß Heinrich Wintzigerod, welcher schon ein eben solches Halsband zum Verderben eines Grafen von Mansfeld angefertigt hatte. Mitschefal lauerte nun mit diesem schönen Halsbande im Klosterwalde, und es währte auch nicht lange, so kam der Förster, ein Conversus, der von Mitschefal ergriffen und mit dem Halsbande geschmückt wurde. Unter schrecklichen Qualen lief der Unglückliche zurück nach Walkenried. Die Mönche eilten auf sein Geschrei herzu und gaben sich alle Mühe, das Schloß zu lösen, aber umsonst. Indessen schwoll dem Mönch der Hals dermaßen an, daß er weder essen noch trinken konnte, und blieb daher seinen Brüdern nichts weiter übrig, als den Armen, nachdem sie in der Kirche die Messe über ihn gelesen, in die Klosterschmiede zu führen, ihn dort niederknieen und seinen Hals auf die Ecke des Ambos legen zu lassen. Der Schmied schlug nun mit seinem großen Hammer auf das Halsband, wovon es aufsprang; der Mönch aber war an der Operation gestorben. —

Abt Johann VI. ließ in der Mitte des 15. Jahrhunderts auch Bergwerke bei Walkenried aufnehmen und schloß mit den Grafen von Hohnstein einen Vergleich, kraft dessen die Grafen sowohl als das Kloster gleichen Antheil an den gewonnenen Erzen haben sollten; und weil vortreffliche Erzgänge entdeckt wurden, so gab die Ausbeute eine ansehnliche Klosterrevenüe. Doch waren dies wohl schwerlich die Kupfergruben, welche erst 1476 in dem auf der Morgenseite des Klosters liegenden jetzt sogenannten Kupferberge aufgenommen wurden, und deren Erfolg die Hoffnung auf neue reiche Ausbeute täuschte.

Die bedeutenden auswärtigen Besitzungen wurden durch Klostergeistliche verwaltet, welche unter dem Namen Magistri curiae als Vertreter des ganzen Konvents häufig in Urkunden vorkommen; neben ihnen bestellte der Konvent hie und da noch einen besonderen Erheber (pitantiarius) behufs Erhebung und Vertheilung verschiedener Klostergefälle. Diese Geistlichen versahen auch den Gottesdienst in den vom Kloster bei seinen Außenhöfen angelegten Kirchen oder Kapellen, ursprünglich nur für die eigenen Dienstleute, mit der Zeit aber auch für die anderen Ortseinwohner, was häufig zu Streitigkeiten mit der Pfarrgeistlichkeit Anlaß gab. Solche Kirchen oder Kapellen waren z. B. die Margarethenkapelle am Dom zu Nordhausen und eine andere auf dem Stiftshofe daselbst; die Cäcilienkapelle in Goslar, die St. Georgenkapelle zu Göttingen, die Kapelle zu Othstädt, die Stephanskirche zu Berrungen, die Kirche zu Numburg, die Kapelle in Berbisleben, die St. Antoniuskapelle in Neuhof, die Kapellen auf Hohegeiß, in der Zorge und in Wieda. Sie waren anfangs meist auf solchen zu Walkenried gehörigen Vorwerken und Außenhöfen erbaut, die isolirt und von Dörfern und Städten weit entfernt oder in solchen Ortschaften lagen, welche keine eigene Kirche besaßen. Später jedoch legte sie das Kloster auch in Kirchdörfern und Städten an, da man noch den Zweck hatte, die Laien dem Kloster allenthalben mehr zu verbinden und zu Schenkungen für dasselbe oder die betreffende Kapelle zu bewegen. Da von diesen Kapellen bald allerhand Wundergeschichten in Umlauf kamen, so fehlte es ihnen auch nicht an ansehnlichen Wallfahrten, Opfergaben, Vermächtnissen und Schenkungen von seiten der Umwohner, zumal sie insgesammt Ablaß hatten, wodurch sie mit der Zeit zu ansehnlichen Gütern und Revenüen gelangten. Dazu ertheilten ihnen die geistlichen Obern viele Indulgenzien. Die von Wallfahrern eingebrachten Schätze, Reliquien u. s. w. brachten die Mönche nach Walkenried, wobei es nicht selten vorkam, daß ein solcher Mönch unterwegs beraubt oder gar ermordet wurde.

An vielen Orten hatte Walkenried auch durch Kauf, Tausch oder Schenkung das Patronat über die Kirche erlangt, sich auch die Erlaubniß der geistlichen Obern erwirkt, die Pfarrgeschäfte bei mehreren dieser Kirchen durch Geistliche seines Konvents besorgen zu lassen, um die Pfarreinkünfte für das Kloster beziehen zu können.

Zum Patronat des Klosters gehörten unter andern die Kirchen in Günzerode, Branderode, Wackenrode, Bodenrode (Wüstung bei Günzerode), Nohra, Urbach, Badra, Pfiffel, Straußfurt, Mönchschauen, Brockschauen, Mönchhof, die Wipertikirche zu Allstedt, die Kirchen in

Tennstedt und Mechstedt (Wüstung bei Heringen?). Bei Ausübung des Patronatsrechts gerieth der Konvent nicht selten mit dem betreffenden Landesherrn in Streit.

Eine beträchtliche Einnahme erwuchs dem Kloster auch, wie vorhin schon erwähnt, aus den von Standespersonen in ihm gestifteten Erbbegräbnissen, alljährlichen Leichenbegängnissen und Seelengeräthen. So hatten Erbbegräbnisse namentlich die Grafen von Klettenberg (a. 1261), Lauterberg (a. 1327), Wolbenberg (a. 1269), Hohnstein (a. 1409), Mansfeld (1405), die Herren von Furra (a. 1256), von Werther (a. 1454), von Salza (a. 1288), von Wurm, von Tettenborn (a. 1316). Diese ließen sich und die Ihrigen theils im Kreuzgange, theils in der großen Kirche, der Kapitelstube oder einer der Kapellen begraben.

Viele solcher Standespersonen ließen sich auch gegen reichliche Vergeltung in die sogenannte „Brüderschaft" des Klosters aufnehmen, d. h. sie wurden der guten Werke desselben im Leben und im Sterben theilhaftig, und für den verstorbenen Bruder wurde im Kloster eine Seelenmesse gehalten; auch waren gewisse gegenseitige Liebesdienste mit der Brüderschaft verbunden, namentlich freie Bewirthung und gastliche Herberge. Als solcher Brüderschaft mit ihren Familien angehörig werden uns Kaiser Otto IV., Kaiser Friedrich II., König Johann von Böhmen, Landgraf Hermann von Thüringen, Herzog Friedrich von Sachsen, die Grafen von Hohnstein, Stolberg, Klettenberg, Schwarzburg u. A. genannt. Auch mit vielen andern Stiftern und Klöstern, z. B. Halberstadt, Naumburg, Hildesheim, Verden, Havelberg, Gandersheim, Göttingen, Königslutter, Huysburg, Michaelstein, Schöningen, Marienthal, Ilsenburg, Ilfeld, Pöhlde, Nordheim, Goslar, Nordhausen (mit den Schwestern im dortigen Kloster Neuwerk und den Canonicis bei der Stiftskirche zum heil. Kreuz), u. s. w., desgleichen mit dem ganzen Karthäuserorden ging Walkenried solche geistlichen Verbindungen ein, welche gleichfalls den Zweck und die Folge hatten, daß Konventsmitglieder auf Reisen gastliche Aufnahme in den verbrüderten Stiftern fanden und das Andenken verstorbener Konventsmitglieder wechselseitig durch Seelenmessen gefeiert wurde. Walkenried konnte im Ganzen 21 Manns- und 18 Frauenstifter zu seiner Brüderschaft zählen, auch 7 Bischöfe mit ihren Kapiteln gehörten dazu. Deshalb konnten seine Mönche von Walkenried bis Rom ohne Zehrungskosten reisen, indem sie theils auf ihren Gütern, theils in verbrüderten Klöstern, Stiftern oder Familien einkehrten. —

Zu solchen Vortheilen kamen noch die vielen Kaiserlichen und Päpstlichen Privilegien, Rechte und Freiheiten, die dem Stifte im Laufe der Zeit verliehen wurden. Einiger — der Zoll- und Kontributionsfreiheit im ganzen Reiche, des freien Ankaufes und Tausches von Gütern — haben wir schon früher gedacht. Außerdem hatte Friedrich der Rothbart 1157 dem Stifte das Recht ertheilt, bei jedesmaliger Vakanz selbst einen neuen Abt zu wählen. Ferner hatte der Konvent die Macht, Klosterbediente vom Banne zu befreien, durfte aber selbst von keinem Bischofe in den Bann gethan noch vor ein weltliches Gericht gefordert werden. Vom Papst Sixtus IV. hatten die Walkenriedschen Mönche 1476 das besondere Recht erhalten, sowohl Geistlichen wie Laien in Form eines völligen Ablasses die Absolution zu geben." Nicht zu gedenken der vielen Indulgenzien, die zum Orden gehörten, daß namentlich Jeder, der einem Cistercienser-Kloster etwas schenken oder daran würde bauen helfen, siebentausend Tage wegen der Todsünden und sechshundert und sechs und sechszig Jahre in den Venialsünden Ablaß haben sollte; daß überdies für jeden Altar, vor welchem man sein Gebet verrichten, für jede Messe, die man hören würde, hundert, für jede dabei verehrte Reliquie sechszig, und für eine jede gehörte Predigt vierzig Tage Ablaß geschenkt sein sollten. Diese Indulgenz wurde nachher auch auf die dem Kloster außerhalb gehörigen und zuständigen Kirchen und Kapellen ausgedehnt. — Die Kaiser von Friedrich I. an nahmen das Stift in ihren und des Reiches Gnade und Schutz und geboten nachdrücklich den geistlichen und weltlichen Fürsten und Herren des Reichs, „das Gotteshaus zu Walkenried" mit seinen Leuten, Gütern und allem Zubehör bei allen und jeglichen Gnaden, Freiheiten und Rechten zu erhalten und zu schirmen, wogegen sie diejenigen mit schweren Strafen bedrohten, welche es darin beeinträchtigen würden.

Der Walkenrieder Konvent war verhältnißmäßig stark und hatte auch viele Laienbrüder. Die Vornehmsten im Konvent waren: Abt, Prior, Subprior, Kellner, Bursar (Schatz- oder Seckelmeister) und Kämmerer. Wie erwähnt, konnten sich die Walkenriedischen Mönche ihren Abt selbst wählen. Derselbe mußte jedoch aus dem Orden sein, gleichwie ohne besondere Vollmacht der geistlichen Obern kein Cistercienser sein Gelübde verändern und sich in einen andern Orden begeben durfte, ausgenommen zu den Karthäusern. Ferner durften die Mönche nur einem solchen ihre Stimme geben, der in ihrem Orden das Prüfungsjahr ausgestanden hatte. Vor der Wahl waren die Wähler verbunden, die Messe de Spiritu sancto anzuhören, darauf zu beichten und das Abendmahl zu nehmen, auch einen Eid abzulegen, daß sie weder um Geschenke oder Bitte noch Strafe oder Belohnung willen Jemand wählen, sondern allein auf einen solchen ihre Stimme richten wollten, von welchem sie überzeugt seien, daß er in geistlichen und leiblichen Dingen dem Stifte wohl vorstehen würde. Die Wahl geschah durch Stimmzettel, deren Formel sich noch erhalten hat und folgendermaßen lautete:

> „Ego Frater N. in conscientia mea eligo N. in Patrem Spiritualem, et non scio eo meliorem in Spiritualibus et temporalibus, sic me Deus adjuvet et sancta Dei evangelia."

Der neue Abt war dem Generalkapitel und Abte des Mutterklosters in Cistertium in Gehorsam verbunden, gleichwie auch nur mit Genehmigung desselben und nach Anordnung des Abtes zu Altenkampen die Wahl vorgenommen werden durfte; auch hatte der Pater generalis in Cistertium dieselbe zu bestätigen. Die Einweihung verrichtete gewöhnlich der Diöcesanbischof, der jedesmalige Erzbischof von Mainz; doch konnte, da Walkenried ein freies Reichsstift war, der konfirmirte Abt sich auch einen beliebigen andern Bischof dazu wählen, ja mehreremale hat der Ordensgeneral in Cistertium selbst die Einweihung an Walkenriedischen und Aebten anderer untergebener Klöster verrichtet, damit die Diöcesanbischöfe sich dieses Recht nicht anmaßen möchten, das eigentlich ihm gebührte.

Die Tracht der reichsfreien Cistercienser-Aebte bei Verrichtung des Hochamtes oder bei feierlichen Gelegenheiten kam der der Bischöfe gleich und bestand in dem Bischofsstabe, Pantoffeln, der Bischofsmütze, einem langen dalmatischen Rocke, einem Ringe, Handschuhen und einem Kreuze auf der Brust. In dieser Tracht, in der Rechten die Bibel, in der Linken den Bischofsstab, war der Abt auch auf dem großen Walkenriedischen Konventssiegel abgebildet, und darunter stand der Buchstabe W. (Walkenried). Neben diesem großen Siegel, das nur der Abt allein gebrauchte, und zwar lediglich in seiner Amtswürde und in geistlichen Angelegenheiten, waren noch zwei andere vorhanden. Das eine, zum Gebrauch des Konvents bestimmt, stellte die Jungfrau Maria, das Jesuskind in der Rechten, den Scepter in der Linken und die Krone auf dem Haupte, in sitzender Stellung dar. Da das Kloster Molismo, aus welchem der Cistercienserorden durch den heil. Robert entstanden, der Jungfrau Maria geweiht war, so führten die meisten Konvente dieses Ordens das Marienbild in ihren Siegeln, gleichwie fast alle Klöster und Kirchen desselben mit dem Mariennamen belegt wurden. Das andere Siegel, das sogenannte Gegensiegel (Contrasigillum), von dem Abte in weltlichen Stiftangelegenheiten gebraucht, führte im Schilde das am Kreuze hängende Jesusbild, daneben zwei Cistercienser in ihrer Ordenstracht; der Helm bestand aus einer Bischofsmütze zwischen zwei kreuzweise geschlossenen, oben in Sternblumen auslaufenden Bischofsstäben, von denen die unteren Enden über den Schild hinausragten. Dieses Siegel führte auch die nachmals im Kloster errichtete Schule und der Konvent nach der Reformation. — Die letzteren Aebte von Walkenried wurden vom Kaiser unter die Reichsstände erhoben und zum Obersächsischen Kreis gerechnet und hatten als solche auf den Reichstagen ihren Sitz zwischen Fürsten und Grafen. Daher waren sie freilich auch verbunden, in Kriegszeiten dem Reiche von seiten des Klosters zwei Ritterpferde, jedes monatlich zu zwölf Gulden gerechnet, und sechs Mann zu Fuß, jeden zu vier Gulden monatlich gerechnet, zu stellen. Nach der Reformation jedoch, als sich die Einkünfte des

Stifts sehr bedeutend verringert hatten, erlangte Abt Georg auf dem Reichstage zu Frankfurt durch vieles Bitten, daß dasselbe nur ein Ritterpferd und drei Fußknechte zum Kreiskontingent zu stellen hatte. Später wurde freilich, als 1663 und 64 die Türken das Reich bedrohten, dieses Kontingent auf dem Kreistage zu Leipzig auf sechs Mann zu Pferde und achtzehn Mann zu Fuß erhöht. — Sonst gehörte noch zur Ehre der Walkenrieder Aebte, daß sie sehr oft von dem Cistercienser Generalkapitel zu Kollektoren der von ihm allen Cistercienser-Klöstern durch Sachsen, Pommern, Meißen und Thüringen angesetzten Kontributionsgelder verordnet wurden. —

Gleichwie Walkenried aus Altenkampen seinen Ursprung genommen, so sind von ihm wiederum zwei klösterliche Kolonien ausgegangen, denen es den Stamm ihrer Mönche und den ersten Abt gab. Die eine, das berühmt gewordene Kloster Marienpforte bei Naumburg (Schulpforte) wurde schon um's Jahr 1140 angelegt, und gab dazu eine besondere Begebenheit Veranlassung. Graf Bruno in Pleißen hatte keine männlichen Erben, da sein einziger Sohn Dethwin (Ortwin?) auf der Jagd von einem Eber getödtet war. Er beschloß deshalb mit seiner Gemahlin Willa, von seinem Vermögen in dem ihm gehörigen Schmölln ein Nonnenkloster zu stiften, dessen erste Aebtissin seine Tochter Gerburgis wurde. Da die Nonnen jedoch ein leichtfertiges Leben führten, so befahl ihnen Graf Bruno, das Kloster zu verlassen und setzte statt ihrer Benediktinermönche hinein. Diese verhielten sich aber nicht besser; deshalb ersuchte der Graf seinen Vetter, den Bischof Udo von Naumburg, sie zu vertreiben und Cistercienser zu berufen. Udo kehrte einst, i. J. 1132, auf einer Reise in dem Kloster Walkenried ein und bat den Abt Heinrich, da ihm Alles, was er dort sah, sehr wohlgefiel, ihm einige Ordensbrüder zur Besetzung des Schmöllner Klosters mitzugeben, was dieser auch gern that. Der Walkenrieder Konvent muß also schon in den ersten Jahren ziemlich stark gewesen sein. Da nun aber ein benachbarter Sorbe die neuen Mönche in Schmölln beunruhigte, so baten sie den Bischof Udo um die Erlaubniß, wieder nach Walkenried zurückkehren zu dürfen. Udo schlug ihnen dieses ab, forderte sie jedoch auf, in seinem ganzen Bisthum herumzuziehen und einen passenden Ort für ein neues Kloster, welches er ihnen bauen und reich dotiren wolle, auszusuchen. Abt Albrecht, der mit seinem Konvente gern hierauf einging, wählte die Stelle, wo jetzt Schulpforte liegt, und so wurde hier im November 1137 (nach Anderen 1140) der Grundstein zu dem Kloster Marienpforte gelegt.

Ein anderes Kloster, welches aus Walkenried seinen Ursprung genommen und von dahingesandten Walkenriedischen Mönchen erbaut worden ist, war das i. J. 1141 in der Grafschaft Mansfeld unweit des Schlosses Bornstedt und der Stadt Eisleben errichtete Sittichenbach oder Sichem.

Die Walkenrieder Aebte führten auch über die Filialklöster eine gewisse Aufsicht, reisten oft dorthin, inspicirten und trafen allerlei Anstalten und Verordnungen, ertheilten ihre Genehmigung zu Veräußerungen von Klostergütern und leiteten die Wahl und Einführung neuer Aebte entweder persönlich oder durch Stellvertreter, wie dies noch i. J. 1533 in Marienpforte geschah.

Eine andere Verbindung, über welche jedoch die Urkunden keinen Aufschluß geben, hat zwischen Walkenried und den Klöstern Nikolausrode (Nonnenkloster gleichen Ordens, ehedem über dem Dorfe Urbach nordwärts am Wege nach Stolberg gelegen), Reiffenstein (auf dem Eichsfelde, zwischen Worbis und Mühlhausen) und Neuenkamp in Pommern stattgefunden. —

Wenn irgend ein Stift, so bedurfte Walkenried seines ausgedehnten und weitläufigen Güterbesitzes wegen eines Schutzherrn. Anfänglich wurden die Klettenbergschen Grafen von den Kaisern dazu bestellt, welches Amt (Schutz- und Schirmgerechtigkeit, Advokatie oder Voigtei) jedoch nach dem Aussterben dieser Grafenlinie i. J. 1260 mit ihrer Herrschaft an die Grafen von Hohnstein überging; jedoch blieb die Oberschutzherrschaft immer bei den Kaisern. Daneben aber stand die besondere Advokatie über einzelne Stiftsgüter einigen Fürsten und Grafen zu, von denen diese Güter an das Stift gekommen, oder in deren Gebieten sie belegen waren, und übten die Klettenbergschen Grafen und später die Grafen von Hohnstein dieselbe nur über das Kloster selbst, das ihre Vorfahren gestiftet, und die zu dessen ursprünglicher Dotation gehörenden Güter, die auf ihrem Grund und Boden lagen. So hatten die Grafen von Hohnstein vorher das Schutzrecht über des Klosters Besitzungen in Nohra gehabt; den Landgrafen von Thüringen stand es über verschiedene Stiftsgüter in ihrer Landgrafschaft zu, den Herzögen von Braunschweig über die Göttingischen Güter, den Grafen von Reinstein über Schauen, dem Bisthume Halberstadt über die Stiftsbesitzungen in Osterwiek, den Grafen von Beichlingen wegen der Güter in ihrer Herrschaft (Thalheim ꝛc.).

Mehrmals übertrugen auch die Kaiser die Ausübung des Kaiserlichen Oberschutzrechtes einigen Fürsten und Grafen auf so lange, als das Kloster es wünschen würde; z. B. Heinrich VII. i. J. 1227 den Grafen Hermann und Heinrich von Woldenberg, Kaiser Ludwig 1341 seinem Sohne, dem Markgrafen Friedrich von Meißen. — Die Grafen von Hohnstein haben das eigentliche Schutzrecht über das Kloster lange Zeit geübt. Doch in der letzten Hälfte des sechszehnten Jahrhunderts entstand zwischen ihnen und dem Kurfürsten von Sachsen, der sich auf einen Kursachsen früher ertheilten Kaiserlichen Auftrag berief, wegen der Schirmherrschaft ein Streit, welcher dahin entschieden wurde, daß das Kloster hinfort zwei Schirmherren, nämlich als Oberschutzherrn den Kurfürsten von Sachsen, daneben aber als eigentlichen Schirmherrn den Grafen von Hohnstein haben sollte. Später gelangte durch Abtretung und Lehnsübertragung die Oberschirmherrschaft an das Haus Braunschweig Wolfenbüttelscher Linie, welches nach dem Aussterben der Grafen von Hohnstein zugleich auch die Rechte eines Unterschirmherrn erlangte. Doch werden wir das Nähere weiterhin am rechten Orte berichten.

Häufig suchte sich das Kloster ihrer Schutzherren, wenn sie ungebührliche Anforderungen machten, oder in ihrem eigenen Interesse handelten und ihre Befugnisse theils selbst, theils durch ihre Beamten überschritten, zu entziehen, woraus mancherlei Streitigkeiten und Fehden entstanden. So trachteten, als i. J. 1323 Abt Johannes mit Tode abgegangen war, die Hohnsteinschen Grafen Dietrich IV., Heinrich IV. und Albrecht danach, daß ihr Verwandter Otto, Sohn Dietrich III., welcher Mönch in Walkenried war, zum Abt gewählt wurde. Der Konvent wählte einen Anderen, Konrad von Duderstadt. Die Grafen von Hohnstein nahmen dies als eine große Beschimpfung auf, suchten die bedeutenden Güter, die ihre Vorfahren an das Stift geschenkt hatten, wieder einzuziehen und veranstalteten auch eine Gegenwahl, die auf ihren Verwandten fiel.

Der neue vom Konvent gewählte Abt Konrad reiste deshalb nach Rom, erhielt die Päpstliche Bestätigung und erwirkte beim heiligen Vater, daß das gesammte Hohnsteinsche Haus bis in's vierte Glied in den Bann gethan wurde — das gewöhnliche Mittel der Klerisei, die weltlichen Großen, die ihnen im Wege standen, zu Boden zu schlagen. Durch dieses Urtheil erschreckt, standen die Grafen von Hohnstein von ihren Forderungen ab und ließen den Konvent nach seinem Willen handeln, setzten übrigens vor der Wuth der Walkenrieder Mönche ihr Schloß zu Heringen in Vertheidigungszustand. Der Gegenabt Otto suchte sich indessen doch zu behaupten, und um ihn los zu werden, verübten die Mönche eine höchst unheilige That, überfielen ihn eines Abends auf der Treppe, die von dem Kreuzgang auf das Schlafhaus ging, und ermordeten ihn (1327). Diese That entflammte die Grafen von Hohnstein noch mehr, und in der Folge fügten sie dem Kloster manche Beschädigungen zu. Namentlich der zu Heringen residirende Graf Dietrich IX., ein höchst unruhiger Kopf, drückte Walkenried so arg, daß der Konvent beim Kaiser Ruprecht Beschwerde führte, welcher den benachbarten Grafen und Herren befahl, Dietrich zur Ruhe zu bringen und anzuhalten, Walkenried Genugthuung zu geben.

Diese rückten auch i. J. 1406 vor Heringen und bestürmten es, vermochten es aber nicht einzunehmen und zogen wieder ab. Dietrich, noch mehr ergrimmt, überfiel darauf die in der Nähe von Heringen liegenden Klosterhöfe Berrungen, Verbisleben, Riethof und Batterode und brannte sie ab. Im folgenden Jahre belagerten ihn seine Gegner abermals in Heringen, mußten aber auch diesmal wegen eingetretener grimmiger Kälte wieder abziehen. Endlich verglich sich Dietrich i. J. 1410 mit Walkenried.

Auch der Grafen von Reinstein, Schutzherren über die Schauenschen Güter, welche ebenfalls ungebührliche Anforderungen machten, wäre Walkenried gern los gewesen. Deßhalb begab sich der Abt zu Kaiser Ludwig dem Baier und brachte es dahin, daß dieser im September 1323 dem Kloster die Erlaubniß ertheilte, sich selbst für die Schauenschen Güter beliebige Schirmherren und auf beliebige Zeit zu wählen. Hierauf wählten die Walkenrieder einen Grafen Wohldenberg zum Schutzvogt über die Güter im Schauenschen. Doch hiermit war die Sache noch schlimmer gemacht. Denn die Grafen von Reinstein, nämlich die Gebrüder Albrecht und Bernhard von Reinstein und Heimburg, nebst dem Grafen Ulrich von Reinstein suchten den angethanen Schimpf zu rächen, fielen mit gewaffneter Hand in die Klostergüter zu Schauen und verwüsteten sie dermaßen, daß der Schaden auf 556 Mark Silbers geschätzt ward. Diesen Gegnern war der Graf von Wohldenberg nicht gewachsen, darum wandten sich die Walkenrieder, da sie die Grafen von Hohnstein, mit denen sie wegen der vorhin erwähnten Fehde zerfallen waren, nicht um Hülfe ansprechen mochten, an die Grafen Friedrich und Konrad von Wernigerode, welche sich gegen Auslobung des Schutzgeldes von 170 Mark Silbers verbindlich machten, nicht nur des Klosters Schutzvögte über die Schauenschen Güter zu sein, sondern auch gegen die Reinsteinschen Grafen auszuziehen. Letzteres geschah, und da der Abt von Walkenried überdies aus Päpstlicher Vollmacht allen Lehnsherren dieser Grafen anbefahl, ihnen die ertheilten Lehnsstücke einzuziehen und sie aller Güter zu berauben, so waren die Reinsteiner gezwungen, sich mit den Walkenriedern zu vergleichen. —

Häufig suchte das Kloster auch die einzelnen Advokatien, da es durch dieselben nicht selten in großen Schaden gebracht wurde, durch Kauf, Schenkung oder Tausch an sich zu bringen; desgleichen war es bei neuen Erwerbungen darauf bedacht, die vogteilichen Gerechtsame sofort mit abzukaufen. —

Im fünfzehnten Jahrhundert hatte Walkenried den höchsten Gipfel seines Wohlstandes und Ansehens erreicht; von da ab beginnt das Sinken des Stifts. Die häufigen Streitigkeiten und Fehden gerade mit seinen Schutzherren, welche, wie wir sahen, die Verwüstung mancher Klostergüter zur Folge hatten, auch mit den benachbarten Grundherren, sowie mancherlei andere Benachtheiligungen und Drangsale, welche es durch dieselben erleiden mußte, trugen nicht das Wenigste dazu bei. Dazu kam, daß die Schenkungen, weil die Begeisterung für die Klöster und der Glaube an ihre Heiligkeit mit der Zeit sich abschwächte, zumal diese sich dem Weltlichen immer mehr zuwandten, auch mit dem Zunehmen der Bevölkerung der allgemeine Wohlstand sich verminderte, immer spärlicher wurden und theilweise ganz versiegten, während andererseits die Einbußen sich mehrten. Es mußten jetzt schon Schulden gemacht, auch einzelne Klostergüter, z. B. die so bedeutenden Antheile an dem Rammelsberger Bergwerke, veräußert werden. Doch der eigentliche Fall trat erst im sechszehnten Jahrhundert in Folge des Bauernkrieges ein, und der dreißigjährige Krieg im siebzehnten vollendete ihn.

Unter dem aus Göttingen stammenden Abt Paulus, welcher seit 1520 dem Stifte mit großer Treue vorgestanden und ein stilles und mäßiges Leben führte, besonders den Armen viel Gutes erwies, brach auch in der Gegend von Walkenried ein Bauernaufstand aus und brachte großes Unglück über das Kloster. Nach dem Beispiel der aufständischen Bauern im Mansfeldschen und Frankenhäusischen hatten sich 1525 bei Lauterberg und Herzberg aus den umliegenden Dörfern unter zwölf Hauptleuten achthundert Bauern zusammengerottet und begannen ihr aufständiges Treiben. Als sie auch auf Walkenried loszogen, nahmen die Mönche, die aus andern Beispielen wohl wußten, wie diese ungebetenen Gäste hauptsächlich die Klöster übel mitzunehmen pflegten, kurz vor Ostern mit ihren Kleinoden und wichtigsten Dokumenten die Flucht und begaben sich auf ihre Klosterhöfe in Nordhausen, Goslar u. s. w. oder an sonstige sichere Orte. Vorsorglich hatten sie alle Thüren, die so herrlich verziert waren, offen und die Schlüssel daran stecken gelassen, damit die Bauern sie nicht zerbrechen und zerstören sollten. Die Bauern kamen, öffneten sofort alle Zimmer, Gewölbe und Keller, wo sie einen reichen Vorrath an Lebensmitteln, vorzüglich an Wein und Bier vorfanden, worüber sie nicht säumten sich herzumachen. Dabei warfen sie die Fenster mit den trefflichsten bunten Glasmalereien ein, zerstörten Oefen, Bilder und andere Sachen, warfen die Bücher aus der reichen und werthvollen Klosterbibliothek in den Koth und benutzten sie als Schrittsteine, die Manuscripte und andere werthvolle

Briefschaften unter ihre Pferde, ließen überhaupt nichts im Kloster unangetastet und verübten allerlei Gräuel und Muthwillen. An der mittägigen Seite des Kreuzganges stand im Baptisterium ein großes und starkes metallenes Handbecken; dieses suchten sie mit Hämmern und andern Instrumenten zu zerschlagen, was ihnen aber nicht gelang. Wüthend schleppten sie es mitten auf den Platz draußen zwischen der Kirche und dem Keller, machten ein großes Feuer darunter und suchten es zu schmelzen; aber auch jetzt trotzte es allen ihren Anstrengungen, sie mußten es mit vielen eingeschlagenen Beulen stehen lassen. Darauf begaben sie sich nach dem Thurme und suchten die große Glocke durch unablässiges heftiges Läuten in Stücke zu sprengen; aber auch dies vermochten sie nicht. Ein Zimmermann, der bei ihnen war, gab ihnen den Rath, das Säulenwerk rund um im Thurme am Fuße abzuhauen und sodann mit großen Ketten und Seilen den Thurm sammt der Glocke herabzuziehen. Dieser Rath fand Beifall, der Zimmermann, dem etliche Goldgulden versprochen wurden, mußte selbst auf die Thurmspitze steigen, die Ketten und Seile an dem Knopfe befestigen und das Säulenwerk in den Zapfen durchhauen. Indeß, noch ehe der Zimmermann wieder hinabgestiegen war, zog und zerrte die tolle Bauernrotte unten an den Ketten und Seilen; ein großer Lindenbaum in der Nähe der Kirche, um welchen sie eine Kette geschlungen hatten, und den sie umhieben, zog durch seinen Fall mit, und so wurde der Thurm mit der Glocke, aber auch der Zimmermann mit herabgezogen, der unter den Trümmern seinen Tod fand und bis zur Unkenntlichkeit zerquetscht hervorgezogen wurde. Von der durch den Fall zerschmetterten Glocke nahm man die Stücke als Beute mit. Leider war durch den Sturz des Thurmes nicht nur das Dach der schönen Klosterkirche, sondern auch das kostbare Deckengewölbe derselben bedeutend beschädigt worden. — Die aufrührerischen Bauern, welche auch die benachbarten Vorwerke plünderten und verwüsteten, nahmen, so lange die Lebensmittel zureichten, in dem Kloster förmlich ihr Standquartier und stellten in der Umgegend kriegerische Uebungen an. Die Schutzvögte, die Gebrüder Heinrich und Ernst Grafen von Hohnstein, von denen der letztere die Regierung hatte, verfügten sich einigemale nach Walkenried, um die

Bauern zur friedlichen Heimkehr zu bewegen. Aber alles Zureden war bei der tollen Rotte umsonst, und um Ruhe zu haben, mußten sie nothgedrungen als Bruder Ernst und Heinrich sich selbst unter die Bauern aufnehmen lassen und an ihren kriegerischen Uebungen mit theilnehmen. Aber endlich wurde ihnen die Sache doch zu bunt. Als nämlich die Bauern eines Tages von einer kriegerischen Uebung am Geierberge zurückkehrten, ihren Kommandanten, den Schäfer Hans Arnold aus Barthelfelde, zwischen den beiden Grafen an der Spitze, sagte dieser, sich auf einem Beine herumdrehend, im Gefühl seiner Würde zum Grafen Ernst: "Siehe, Bruder Ernst, den Krieg kann ich führen; was kannst Du?" Da entfuhr dem Grafen die Antwort: "Ei, Hans, bis (sei) zufrieden; das Bier ist noch nicht in dem Fasse, worin es gähren soll." Diese Antwort verdroß etliche Bauern dermaßen, daß sie den Grafen tüchtig abgeprügelt, ja vielleicht getödtet haben würden, wenn er sie nicht durch einige Worte sofort wieder beschwichtigt und sich alsbald davon gemacht hätte.

Nachdem die Bauern im Kloster Alles aufgezehrt und verwüstet hatten, was zu verwüsten war, brachen sie am Sonntage Kantate 1525 wieder auf, um zu ihren Mitbrüdern zu ziehen, welche unter Münzer in Frankenhausen standen. Unterwegs übernachteten sie auf einer Wiese bei der Flarichsmühle unweit Haferungen, zwei Stunden westlich von Nordhausen. Von da schickten sie ein Schreiben an Grafen Ernst, worin sie ihn baten, daß er zu einer Unterredung vor ihnen erscheinen sollte. Dasselbe lautete:

"Unserm freundlichen lieben Bruder Ernsten von Hohnstein, Schäffner des Landes Hohnstein.

Gnade und Friede von Gott unserm Herrn, lieber Bruder Ernst von Hohnstein. Wir fügen Euch zu wissen, daß die Christliche Versammlung und Gemeine Klettenbergischer und Schartfeldischer Pflege auf der Wiesen bei der Flarcher Mühlen bei einander sind; ist demnach unsere freundliche Bitte, ihr wollet Euch auf diesen Morgen früh bei uns an benennten Orte erscheinen, denn wir mit Euch zu reden haben, daran Euch und uns merklig gelegen ist. Datum Montags Anno 1525. Bitten Eure zuverläßige Antwort.

Die Christliche Gemeinde zu Walkenried."

Der Graf hütete sich aber wohl zu kommen. Andern Tages wendete sich jedoch das Blatt; kaum war die Bauernrotte bis Heringen gekommen, als sie die Nachricht erreichte, daß Münzer mit ihren Spießgesellen (6000 Mann stark) auf dem später sogenannten Schlachtenberge bei Frankenhausen von den verbündeten Fürsten und Grafen in blutiger Schlacht besiegt sei. Da entfiel ihnen aller Muth, und sie stoben auseinander, liefen nach ihren Dörfern zurück und verkrochen sich. Die Grafen von Hohnstein ließen die Rädelsführer sogleich ergreifen und um einen Kopf kürzer machen, bis auf einen Töpfer in Ellrich, der den glücklichen Einfall gehabt hatte, gleich nach seiner Rückkehr den einen Grafen zu Gevatter zu bitten, um deswillen er begnadigt wurde, jedoch mit der Bedingung, daß er, so lange er lebe, die Oefen auf den Schlössern Lohra und Klettenberg in Stand erhalten solle. Die übrigen Bauern mußten an einem bestimmten Tage, jeder einen weißen (abgeschälten) Stab in der Hand, auf dem Damme des großen Teiches bei Schiedungen (seit einigen Jahren in eine Wiese verwandelt) erscheinen. Hier umringten sie gerüstet die Grafen und die Edelleute der Grafschaft und beriethen sich, was mit ihnen zu thun sei. Der Rath der Grafen, Berend von Tettenborn, dessen Gut Schernberg die Bauern zerstört und dessen Sohn Dietrich sie erschlagen hatten, hielt für billig und recht, daß jeder Edelmann neun Bauern aufspieße. Die Uebrigen waren einstimmig dafür, daß man die Bauern in den Teich stürzen und ersäufen solle. Nur ein Rittmeister aus Nordhausen, der dortige Stadthauptmann Balthasar von Sundhausen, war dagegen und sagte zum Grafen Ernst: „Es ist wahr, dieser elende Haufe hat den Tod verdient; allein, wenn sie ums Leben gebracht werden, wer will dem Herrn Grafen die Dienste thun und die Länderei bestellen? Die armen Wittwen können solches nicht thun, und ich halte dafür, man solle ihnen aus Gnaden das Leben schenken und sie mit einer Geldstrafe belegen." Dieser Rath fand den vollen Beifall des Grafen und er rief laut, daß es alle Anwesende hören sollten: „Sundhausen, Du hast heute geredet wie ein ehrlicher Mann, Dein Wort soll Ehre haben!" Die übrigen Edelleute aber waren mit dieser Entscheidung sehr unzufrieden, so daß sie an dem von Sundhausen sich rächen wollten; der Graf ließ ihn jedoch durch seine Diener zurückbegleiten. Die Bauern aber gingen froh nach Haus, denn ein jeder brauchte nur 4 Gulden Strafe zu erlegen.

Als die Ruhe wieder hergestellt war, kehrten von den entflohenen Mönchen nur wenige wieder nach Walkenried zurück; viele nahmen die evangelische Lehre an und wurden großentheils Prediger in der Nachbarschaft. So wurden Johann Molhausen in Appenrode, Johann Crusius in Ellrich, Friedrich Lohle in Sachsa, Nikolaus Franke in Mackenrode, Heinrich Thalheim in Gr.-Wechsungen, Martin Duderstadt in Hegenrode zu Pfarrherrn, Nicolaus und Wolfgang Kemnitius zu Vikarien in Stolberg bestellt. Die mit dem Abte zurückgekehrten Mönche aber lebten in steter Furcht, auf's neue von einem aufrührerischen Haufen überfallen zu werden, und getrauten sich nicht aus dem Kloster, weshalb auch die Klostergüter sehr vernachlässigt und ruinirt wurden. Der Konvent sah sich daher genöthigt, Kaiser Karl V. um Schutz anzurufen. Schon früher, i. J. 1524, beim Beginn der Reformation, als man allerhand Ueberfall und Beeinträchtigung fürchtete, war dies geschehen, und der Kaiser hatte auch dem Kloster in einem Briefe d. d. Eßlingen 5. September 1524 wo nöthig Hülfe und Beistand versprochen, auch dem eifrig katholischen Herzog Georg zu Sachsen die Schutzherrschaft über dasselbe anbefohlen. Allein, der Bauernaufstand zeigt, wie wenig dies genutzt hatte. Daher wurde der Ruf um Schutz jetzt erneuert, und Kaiser Karl ertheilte den 15. August 1532 zu Regensburg Walkenried einen abermaligen Schutz- und Konfirmationsbrief. Auch ließen die Mönche die meisten ihrer Klosterzinsen auf ihre Höfe in Nordhausen, Göttingen, Goslar und Osterwiek bringen, letztere gehörig verwahren und setzten über sie gewisse Inspektoren, damit sie bei einem abermaligen Aufruhr hierher ihre Zuflucht nehmen könnten. Diese und andere Sicherheitsanstalten, um fernere Beschädigungen abzuwenden, sowie die Herstellungen des Beschädigten kosteten Geld; auch mußte den mannichfachen an das Stift gemachten Anforderungen genügt werden. Man sah sich daher genöthigt, Anlehen aufzunehmen und einzelne Klostergüter zu veräußern. So wurde

1528 der Zehnten zu Schauen für 2000 Goldgulden an Kuno von Bardensleben wiederkäuflich überlassen, welchem Graf Bodo von Stolberg 1530 dieselbe Summe wieder bezahlte, dem Konvent auch noch 1000 Goldgulden gab, wofür ihm die Güter zu Schauen auf etliche Jahre wiederkäuflich verschrieben wurden, worüber hernach manche Streitigkeiten mit dem Bischof von Halberstadt entstanden. Auf die Lüneburgschen Salzgüter wurden 1500 Thlr. geborgt, das schöne Gut zu Thalheim an den Grafen Günther von Schwarzburg für 840 Gulden auf fünfzehn Jahre wiederkäuflich überlassen, die für 336 Goldgulden an das Kloster verpfändeten Dörfer Nohra und Mackenrode wieder abgetreten, und das Gut Straußfurt an die Herren von Kützleben für 3000 Gulden verkauft, u. s. w. Auch verschiedene Kapellen, z. B. die zu Goslar, mußten endlich veräußert werden. Dazu brachten die letzten Aebte, theils durch nachlässige Verwaltung, theils und hauptsächlich weil sie ihren und ihrer Familie Vortheil vor Augen hatten und diesem das Beste des Stifts weit nachsetzten, große Unordnung und Zerrüttung in das Finanzwesen.

Zwar der vorhin genannte Abt Paulus, ein ordentlicher Mann, hatte im Kloster Manches repariren lassen und hinterließ dem Stifte bei seinem Tode 9000 Goldgulden baares Gehalt. Im Jahre 1535 reiste er nach Lüneburg, um das Klosterarchiv, auch einige Reliquien und Kostbarkeiten, die er bei dem Ueberfall der Bauern gerettet und dort bei Hartwig Schuhmacher, dem Berechner der dem Stifte gehörenden Salzgefälle, in Verwahrung gegeben, wieder zurückzuholen. Er wurde aber auf der Rückreise zu Wernigerode am Harz krank und starb 1536 in Kaspar Ziegenhorns Hause. Sein Leichnam wurde nach Walkenried gebracht und im Kapitelhause solenn begraben. Sein Nachfolger, Johannes Holtegel aus Einbeck, war dagegen ein sehr weltlich gesinnter und verschwenderischer Mann. Früher schon hatte er als Propst von Nicolausrode oft mit den Bauern von Urbach gezecht und geschmaust.

Als bei dem großen Nordhäuser Brande v. J. 1540 auch der dortige Walkenrieder Hof ein Raub der Flammen geworden war, ließ er denselben baldigst wieder herstellen und hielt sich während des Baues meist in Nordhausen auf, so daß er nur zuweilen am Sonnabend Abend nach dem Kloster reiste, um den folgenden Sonntag nach Verrichtung seiner Geschäfte wieder nach Nordhausen zurückzueilen. Hier schwelgte und spielte er mit dem dortigen Bürgermeister Michael Meienburg, welcher manches reiche Geschenk von ihm erhielt und ihm im Spiel „die Klosterpfennige herrlich abzunehmen wußte." Während er so die Klostergüter verpraßte, — denn er verkaufte eins nach dem andern, z. B. die schönen Stiftsgüter zu Pfeffel, die seine Vorfahren mit großer Mühe erhalten, für 16000 Thlr. an die Grafen von Mansfeld, und die zu Straußfurt für 3000 fl. an die Herren von Kutzleben, wider Wissen und Willen des Konvents und des Klosteradvokaten und brachte es mit Meienburg durch, — ließ er seine armen Klosterbrüder, namentlich diejenigen, welche nach dem Einfalle der Bauern sich zerstreut hatten, fast verhungern. Einer der letzteren, der ehemalige Klosterkämmerer Johann Kruse, ein erblindeter Greis, war gezwungen, als Bettler umherzuziehen, was den heftigsten Unwillen Luthers erregte. Kruse hatte sich nämlich in seiner großen Noth an die Universität oder theologische Facultät zu Wittenberg, deren Dekan damals Luther war, um Hülfe und Unterstützung gewendet. Als nun Melanchthon dem Dr. Luther ein Schreiben, das dem armen Kruse gegeben werden sollte, um darauf Gaben einzusammeln, zur Unterschrift vorlegte, ergrimmte Luther gewaltig, denn es war ihm vorgestellt worden, wie es Holtegel und Meienburg in Nordhausen trieben, während sie den armen blinden Kruse ohne Hülfe ließen. Sogleich ergoß er in seiner heftigen Weise seine Empfindungen über dieses Unrecht in einem Schreiben vom 23. Juli 1542 an seinen und Meienburgs Freund Justus Jonas in Halle, worin er diesen ermahnt, jede Gemeinschaft mit Meienburg aufzuheben und gegen den Abt, Meienburg und Walkenried diesen Fluch ausspricht: „Verflucht und vermaledeiet seien ihre Güter, und komme das Feuer aus Walkenried und verschlinge auch das, was sie mit Ehren und gutem Gewissen hätten haben mögen." Dieser Fluch ist auch in Bezug auf Meienburg nicht ohne Wirkung gewesen. Denn in der großen Feuersbrunst vom 21. August 1612 brannte Meienburgs Haus in Nordhausen vor dem Hagen, das schönste der Stadt, wozu der Abt von Walkenried Holz und Geld gegeben hatte, völlig nieder, und seine Erben waren genöthigt, von Georg Straube 1000 Gulden zu leihen und dafür zwölf forenses Walkenredenses und Silbergeräth zu verpfänden. —

Mit dieser nachlässigen und lüderlichen Verwaltung verbanden sich mancherlei politische Ereignisse, um den äußeren und inneren Verfall des Stifts zu beschleunigen. Ueberdies brachte die Reformation, die auch in Walkenried bald eingeführt ward, ganz neue Verhältnisse mit sich.

Johannes Holtegel hatte dem neu aufgehenden Lichte des Evangeliums die Augen nicht verschließen können und schon 1543 Einiges in dem Aeußern des Gottesdienstes reformirt; denn eine gänzliche Reformation vorzunehmen, scheute er sich. Hierüber beschwerten sich jedoch einige eifrig Katholischgesinnte unter den Klosterbrüdern bei dem römischen Könige und nachmaligem Kaiser Ferdinand, worauf derselbe unter dem 15. Februar 1543 an den Grafen Ernst von Hohnstein schrieb, er möge darauf bedacht sein, daß der Abt in Walkenried keine Religionsveränderung vornehme. Graf Ernst kam dem Befehle nach; Holtegel kehrte sich aber wenig an die ihm zugekommenen Weisungen, und so sah der Graf sich genöthigt, ihn dieserhalb, überhaupt auch wegen seiner schlechten Verwaltung, über welche er ihm keine Rechenschaft geben wollte, bei Kaiser Karl V. zu verklagen. Dieser verwarnte durch ein kaiserliches Schreiben d. d. Speier 7. Mai 1544 den Abt ernstlich und befahl ihm auf das strengste, nichts von den Klostergütern zu veräußern und jährlich in Gegenwart des Grafen von Hohnstein seinem Konvente Rechnung abzulegen.

Bei solchen Zwistigkeiten glaubte der Herzog und nachmalige Kurfürst Moritz von Sachsen, dessen Vorfahren i. J. 1457 Kaiser Friedrich III. die Schutzherrlichkeit über Walkenried aufgetragen hatte, zugreifen und unter diesem Rechtsgrunde das Stift an sich bringen zu können. Er schickte daher im Februar

1546 den Schösser zu Weißensee, Augustin Büchler, nach Walkenried, welcher im Auftrage seines Herrn dem Abt und Konvent folgenden Antrag machte: „Es wären Sr. Fürstl. Gnaden in Erfahrung kommen, daß im Kloster Walkenried die papistischen Mißbräuche noch gehalten, auch das Stift von dem Inlager Graf Ernstens von Hohnstein und sonst viel beschweret würden; dieweil Sr. Fürstl. Gnaden im Sinn, das Kloster einzunehmen, so möchten sie sich darauf kürzlich bedenken, die Sache aber inzwischen in großer Geheim halten und hierauf ihre fernere Erklärung abstatten." Dieser Antrag setzte Abt und Konvent in Bestürzung und Verwunderung; jedoch erbaten sie sich Bedenkzeit, und gaben hierauf am 10. Februar 1546 Büchler eine schriftliche Antwort, worin sie baten, daß man ihnen gestatten möge, ihres Gewissens halber in der Angelegenheit einen Gelehrten um Rath zu fragen.

Wenige Tage darauf, den 17. Februar, erhielt der Abt ein schriftliches Ersuchen von dem Amtmann Wolf Keller zu Eckartsberga, Mittwochs nach Matthie zur Unterhandlung mit ihm in vorgedachter Angelegenheit in Nordhausen sich einzufinden. Der Abt stellte sich am bezeichneten Orte ein, und hier machten ihm Keller und der mitgekommene Büchler nochmals freundliche Vorstellungen, die Abtei an den Herzog abzutreten, und sollte ihm und seinem Konvent ein Ansehnliches von den Klostergütern vermacht werden. Der Abt erwiederte, daß er erst seinen Konvent befragen müsse. Als dies geschehen, gab er Herzog Moritz die Antwort, „daß es nicht in seiner, dem römischen Reiche, dem Orden, dem Kloster und Konvent eidlich verpflichteten Abtes, auch nicht in des Kaisers Macht und Gewalt stehe, dasjenige, so nicht allein dem Kaiser, sondern auch dem römischen Reiche gehörig und eingeleibet und sonderlich den Kirchen und Gotteshäusern eigenthümlich zuständig, Anderen zu übergeben."

Höchst ungehalten über diese Antwort, citirte Moritz den Abt bei seiner Ungnade auf den 29. April 1546 zur Verhandlung nach Dresden. Holtegel war in der größten Verlegenheit, suchte sich mit einem gethanen Falle und Steinschmerzen zu entschuldigen und bat um schriftliche Unterhandlung. Der Herzog ging aber von seinem Befehle nicht ab, und der Abt mußte sich nach Leipzig begeben, wohin er jetzt citirt worden war. Doch kam es zu keinem Resultate, und die Sache blieb unerledigt*).

Inzwischen beschlossen die Grafen Ernst von Hohnstein, Günther zu Schwarzburg und Christian zu Stolberg in Uebereinstimmung mit dem Abt Holtegel, das Kloster vollständig zu reformiren, um die Absichten des Herzogs Moritz zu vereiteln und ihm jeden Vorwand zur Einziehung des Stifts zu nehmen. In ihrem Auftrage begaben sich M. Johann Spangenberg, Pfarrer zu St. Blasii in Nordhausen, der Marschalk Heinrich von Bülsingsleben, Heinrich Rosenberg und Apollo Wigand, Kanzler in Lohra und Sondershausen, nach Walkenried und ordneten daselbst am 31. März 1546 den neuen Gottesdienst, worüber eine Urkunde aufgenommen wurde. Doch wurde das Stift nicht schon damals säcularisirt, vielmehr behielten auch die protestantischen Aebte ihre Würde und die Verwaltung der Stiftsgüter, es blieb auch der Konvent, der jedoch der Zahl nach sehr beschränkt war. Auch in Ellrich und sonst in der Grafschaft Hohnstein fing man an, die päpstliche Lehre abzuschaffen; da aber der alte Graf Ernst von Hohnstein noch dem katholischen Glauben anhing, so ließ er dies zwar geschehen, duldete es aber nicht in den Herrschaften Lohra und Klettenberg. Allein er starb bald, i. J. 1552 den Sonnabend nach Johannis, auf seinem Schlosse Scharzfels. Sein Leichnam ward unter Begleitung einer großen Menge katholischer Geistlicher mit Wachslichtern und Kreuzen nach Walkenried zur

---

*) Indessen mußten dem Herzog, wie bisher schon seinen Vorfahren, wegen des ihnen vom Kaiser aufgetragenen Schutzrechtes jährlich zwei Füllen vom Stifte nach der Sachsenburg geliefert werden. Die Nachfolger des Grafen Ernst von Hohnstein befahlen indessen, diese Lieferung hinfort zu unterlassen, welchem Befehle der Abt von Walkenried auch Folge leistete. Als daher der Kurfürst Moritz 1553 auf seinem Feldzuge wider Markgraf Albrecht von Brandenburg gen Sievershausen in Walkenried übernachtete, frug er den Abt: „Herr, wie kommt's, daß ihr uns die Fohlen nicht schickt?" worauf dieser erwiederte: „Gnädigster Herr, was nicht geschehen, soll noch geschehen." Da sagte der Kurfürst: „Da recht, so bleiben wir Freunde." Bald darauf blieb er in der Schlacht bei Sievershausen. —

Beisetzung gebracht. Auf dem Wege dahin verirrte sich der Zug in einem Walde, weshalb der Sohn des Grafen, der eifrig evangelisch gesinnte Volkmar Wolfgang sagte: „Die Buben haben den Herrn Vater im Leben verführt, nun wollen sie ihn auch noch im Tode verführen." —

Dem Verstorbenen folgten seine Söhne Volkmar Wolfgang, Wilhelm, Eberwin und Ernst in der Regierung und im Schirmrechte, und da diese der neuen Lehre anhingen, so stand der weiteren Ausbreitung derselben, die von Tag zu Tag mehr Anhänger bekam, nichts mehr im Wege. Die Grafen beriefen kurz vor Ostern 1556 alle ihre Prediger zu einer Synode nach Walkenried, auf welcher beschlossen wurde, in allen Kirchen und Gemeinden der Grafschaft Lehre und Gottesdienst der Augsburgschen Konfession einzuführen. Am Palmsonntage darauf wurde in Ellrich und allen Ortschaften der Anfang damit gemacht und der erste evangelische Gottesdienst mit dem Te Deum laudamus unter dem Geläute der Glocken begonnen, was noch lange Jahre an diesem Tage in den Kirchengemeinden der Grafschaft Hohnstein in Gebrauch blieb.

Weil aber die Grafen von Hohnstein wohl wußten, daß der Erhaltung und Verbreitung der neuen Lehre nichts förderlicher sei als die Schulen, so forderten sie den Abt auf, in dem Kloster auch eine Schule zu errichten. Holtegel zeigte sich auch bereitwillig, und den 5. October 1557, nach dem ein Lehrer, der Rector Johann Mylius von Ellrich, und zwölf Knaben herbeigerufen waren, wurde die Schule, welche von den Klostereinkünften erhalten werden sollte, eröffnet. Auch waren die Grafen bemüht, das Kloster in gutem Stande zu erhalten, besonders in dem Magdeburgischen Kriege des Markgrafen Albrecht von Brandenburg gegen den Kurfürsten Moritz von Sachsen vor feindlichem Ueberfall und Beraubung nach Möglichkeit zu bewahren. So verordneten sie einen besonderen Klosterhauptmann, Thomas von Olershausen, welcher mit den herumschwärmenden Soldaten verhandeln und sie gütlich von dem Stifte und deren Gütern abhalten mußte. Nach ihm wurde Reinhard von Kindhausen Klosterhauptmann. Die Grafen sorgten für Sold und Montirung, während das Stift ihm und seiner Mannschaft Kost und Pflege gewähren mußte. Später wurde der Vasall der Grafen, Heinrich von Zeuge, mit dieser Function betraut.

Es war hohe Zeit, daß Abt Holtegel zwei Jahre darauf (1559) mit Tode abging. Nach Einführung der Reformation glaubte er vollends nach Belieben schalten und walten zu können und der Advokatie der Grafen von Hohnstein zu spotten. Deshalb wurde er von ihnen abermals bei Karl V. verklagt, welcher ihm befahl, Alles in dem Kloster in den vorigen Stand zu setzen, die Konventualen gebührend mit Kleidung und Speise zu versehen, auch den Grafen von Hohnstein von seinem Thun und Lassen Rede und Antwort zu geben, widrigenfalls er mit scharfen Strafen angesehen werden sollte (d. d. Augsburg 1548). Allein Holtegel, den Herzog Moritz im Rücken, auf dessen Seite er sich zuletzt zu neigen begann, kehrte sich nicht im geringsten daran, verkaufte und verthat ein Klostergut nach dem andern. Ja, er gedachte sich noch in seinem siebzigsten Jahre zu verheirathen und in Göttingen oder Nordhausen zu wohnen, deren schöne Walkenrieder Besitzungen er sich dadurch zu verschaffen hoffte, daß er das ganze Stift dem Grafen Eberwin von Hohnstein in die Hände spielte. Sein desfallsiger Anschlag wurde aber durch rechtzeitiges Einschreiten der Konventualen, welche sich dieserhalb beschwerend an die Grafen von Hohnstein wandten, vereitelt. Auch aus der Heirath wurde nichts. Denn als er 1559 einen Abgesandten an den Kaiser nach Augsburg schickte, um die Heirathserlaubniß zu bekommen, sagte der Kaiser zum Abgesandten, als er auf seine Frage das Alter des Abts erfuhr: „Ei, so hilft er sich auch wohl unbefreit."

Sein Nachfolger, der Bursar Hermann Lübeck, den die Grafen von Hohnstein bestätigten und in ihren Schutz nahmen, sich auch von ihm den Revers ausstellen ließen, daß er ohne ihr Vorwissen von dem Kloster nichts entwenden wolle, war ein ordentlicher Mann. Unter ihm hob sich die Klosterschule bedeutend. Weil er einsah, daß von den Einkünften des Klosters viel mehr Alumnen unterhalten werden könnten, so vermehrte er ihre Zahl auf sechsunddreißig und stellte auch einen zweiten Lehrer, den Konrektor, in der Person des Heinrich Reinicke, aus Uthleben gebürtig, an, zumal seit 1558 der Rektor das Pastorat mit übernehmen mußte. Die Walkenriedische Schule wurde mit der Zeit sehr berühmt und hat hundert Jahre hindurch manchen Segen verbreitet. Viele berühmte Männer sind aus ihr hervorgegangen, gleichwie unter ihren Rektoren und Konrektoren mancher berühmte Name gefunden wird*). Die ganze Einrichtung der Schule hatte einen streng kirchlichen Charakter, was theils durch die Zeit, theils durch die Bestimmung geboten wurde, wonach die aufgenommenen Schüler sich förmlich verpflichten mußten, nachher, wie es in der Braunschweigschen Kirchenordnung heißt, „auff kein Profession, denn die Theologie zu begeben," „damit sie zu der Kirchen Lehr- und Predigtdiensten mit der Zeit zu gebrauchen." Auch mußte der Schüler versprechen, „sich ohnerlaubt in keine andere Dienste zu begeben," damit er jeder Zeit zu Kirchendiensten herangezogen werden könne. War er zwei, drei oder mehrere Jahre in dem Kloster gewesen, so sollte er „mit einem Stipendio versehen und, nachdem er in Examine durch die Superintendenten geschickt befunden, auff eine hohe Schul verordnet, doch gleich ein anderer an seine statt surrogirt werden. Aber da einer dermaßen sich gebessert hette, auch eines so gestandenen Alters wäre, daß zu verhoffen, er in wenig Zeit zum Ministerio endlich zu gebrauchen, mag derselb bey dem Kloster noch länger geduldet und zu unsern Kirchendiensten vollends unterwiesen, und von bannen auß, so er darin genugsamlich berichtet, vocirt und gebraucht werden**)."

---

*) Wir wollen nur den berühmten Laurentius Rhodoman, den deutschen Homer, nennen. Er war zu Niedersachswerfen bei Ilfeld 1546 geboren, kam 1562 nach Ilfeld auf die Schule zu M. Neander und blieb hier sechs Jahre. 1571 ging er nach Rostock, um zu studiren, und wurde bereits 1572 Rektor der Michaelisschule in Lüneburg. Von da kam er nach Mylius Tode 1584 als Rektor nach Walkenried, folgte aber schon 1591 einem Rufe nach Jena. 1598 übernahm er das Rektorat der Gelehrtenschule zu Stralsund und wurde 1601 Professor der Geschichte in Wittenberg, wo er 1606 starb. Er hat sich um die alte Literatur und Geschichte sehr verdient gemacht. Seine Schriften hat er meist in griechischer Sprache geschrieben, viele in Versen, weshalb man ihn auch den deutschen Homer genannt hat.
**) Näheres in: Geschichte der Klosterschule zu Walkenried von Dr. K. Volkmar, Nordhausen 1857. Die Statuten der Schule, welche Ec-

Die Oertlichkeit der Schule betreffend, so lag das Schulgebäude mit dem Kreuzgange unter einem Dache und zog sich von demselben bis an die alte Kirche hin. Nordwärts waren die Schulklassen; oben im Gebäude hingen die Glocken. Der Landkartensaal wurde Sommerprima, auch Disputatorium genannt; der Fechtsaal befand sich im oberen Stock des Amts- und Gerichtshauses.

Im Jahre 1565 entstanden nicht geringe Streitigkeiten im Kloster. Nach dem, 1564 erfolgten Tode Lübecks hatte der neue Abt Jakob Marsilius dem Grafen Volkmar Wolfgang von Hohnstein, der die Regierung hatte, einen Revers ausgestellt: 1) er wolle die evangelische Religion im Kloster erhalten und dahin wirken, daß Ernst, der Sohn des Grafen, der noch minderjährig, sobald als möglich zum Koadjutor des Klosters erwählt würde, und sobald dieser majorenn geworden oder vom Kaiser dafür erklärt sei, ihm die Abtei abtreten, wenn er für sich die Klostergüter in Göttingen und Goslar erhalte; 2) er sei bereit, Jemanden in das Kloster zu nehmen, der den Grafen daselbst vertrete; 3) wolle er alle Klosterangehörige eidlich verbinden, nichts gegen das Schutzrecht des Grafen zu unternehmen; 4) die Schule solle erhalten werden; 5) ohne Vorwissen des Grafen solle kein neuer Mönch in's Kloster aufgenommen werden; und endlich 6) es solle kein anderer Schirmvogt gesucht werden. (d. d. 2. März 1564.) Unter diesen Punkten waren einige, die der Konvent, weil sie ihm bedenklich schienen, wie sie es in Wahrheit auch waren, besonders der erste, durch den die Grafen es jedenfalls darauf abgesehen hatten, das Stift allgemach ganz in ihre Hände zu bringen, — anzunehmen und zu approbiren sich weigerte. Ungeachtet daher Kaiser Maximilian II. (Wien 28. Novbr. 1564) und der Abt von Altenkampen, Richard Xanten, den Revers, ersterer auch dem Kloster alle Privilegien und einen früheren Vertrag des Stifts vom 21. Decbr. 1547

---

storm in seiner Chronik mittheilt, und die wahrscheinlich der erste Rektor Mylius nach dem Muster der Ilfelder Schule, deren Zögling er war, aufgestellt hat, sind für die Geschichte des deutschen Schulwesens nicht unwichtig.

mit Graf Ernst von Hohnstein, worin dem Grafen die Advokatie zuerkannt war, mit dem Beifügen, daß, wenn der Konvent einmal abgehen sollte, das Kloster mit seinen Gütern niemand anders als den Grafen von Hohnstein zufallen könnte, genehmigt und bestätigt hatten, so steckten sich doch etliche Konventualen hinter den nach dem Kloster lüsternen Kurfürsten August von Sachsen und begaben sich unter seine Protektion. Der Kurfürst ergriff diese willkommene Gelegenheit und säumte nicht lange, einzuschreiten. Er ließ das Kloster im Juni 1565 durch Heinrich von Salza, einen Hohnsteinschen Vasallen, besetzen. Abt Jakob flüchtete bei seinem Herannahen mit den wenigen Konventualen, die ihm anhingen, auf das Klostergut in Göttingen. Heinrich von Salza heftete das Kursächsische Wappen an die Thore und lebte mit seinen Musketieren auf Diskretion über zwei Jahre im Kloster. Es wird von ihm gesagt, „er habe dasselbe so rein geschäuert, daß schier nicht eine Bank oder Bratspieß darinnen geblieben." Der Kurfürst ließ sich zum Schirmvogt des Klosters erklären und an Stelle des entflohenen Abtes einen neuen, Wolfgang Lange aus Chemnitz, einsetzen. Dieser war früher Mönch in Walkenried und zuletzt Vikar in Stolberg gewesen und ein höchst leichtfertiger Mensch, von dem der Ilfeldische Abt Michael Neander in seiner handschriftlichen Chronik von Ilfeld sagt: „Er war ein lustiger Gast, der, wie Magister Mylius sel. mir oft geklaget, wenn er ein fein lustig Kind in der Beichte absolviret, auch ihm etwa ein schönes Mädchen begegnet, hat pflegen zu sagen: „Daß dich der Bär einmal fresse ɪc."

Graf Volkmar Wolfgang von Hohnstein, zu schwach, einem solchen Gegner Widerstand zu leisten, begab sich nach Augsburg und trug die Sache auf dem dortigen Reichstage Kaiser Maximilian II. vor, der ihm auch alle seine Rechte an Walkenried von neuem bestätigte. Darauf machte der Graf auch einen Prozeß beim Kaiserlichen Kammergerichte anhängig.

Inzwischen starb Abt Jakob 1567 in Göttingen, wo er in der Johanniskirche begraben liegt. Der Graf wollte seine Rechte an das Kloster nicht fahren lassen, zumal sein Sohn bereits vom Konvente mit Genehmigung des Abts von Altenkampen zum Stiftskoadjutor ernannt worden war, und sandte daher alsbald seinen

Kanzler Peter Böttcher und seinen Rath Cyrinx Ernst nach Göttingen, um die dort noch verweilenden Konventualen zu ersuchen, einen neuen Abt zu wählen, worauf deren Wahl im dortigen Klosterhofe den 8. Februar 1567 auf den Bursar Adam Goldhorn aus Bleicherode fiel. Der Graf gab seine Zustimmung zu dieser Wahl und erklärte, daß er für diesmal von seinem Rechte, das Kloster für seinen Sohn einzunehmen, keinen Gebrauch machen wolle; doch solle der junge Graf Ernst Koadjutor bleiben.

Der neue Abt betrieb den Prozeß gegen den Kurfürsten von Sachsen mit großem Eifer. Endlich wurde durch Kaiserlichen Ausspruch 1568 entschieden, daß Heinrich von Salza und der vom Kurfürsten bestellte Abt das Kloster räumen und dasselbe dem in Göttingen gewählten Abt Goldhorn überlassen solle, und die Streitigkeit durch einen Vergleich beider Theile, wozu sich schließlich der Graf von Hohnstein gedrungen sah (d. d. Dresden 1. August 1568), beigelegt. Zufolge dieses Vergleichs sollte die Schirmvogtei über Walkenried zwar den Grafen von Hohnstein, „als des Stifts Erbfundatores," verbleiben, wobei ihnen ein jährliches Schutzgeld von sechshundert Gulden zugestanden ward; das Stift aber daneben den Kurfürsten von Sachsen als Oberschutzherrn anerkennen und sich ihm zu einer jährlichen Zahlung von dreihundert Gulden verpflichten, auch ihm das Recht zugestehen, den vierten Theil der Freistellen in der Klosterschule zu verleihen. — Der Prozeß hatte dem Kloster über zwölftausend Gulden gekostet.

Abt Adam fand das Kloster ganz ausgeleert. Daher sah er sich genöthigt, nachdem er nicht nur vom Mutterkloster Altenkampen am 18. Februar 1567, sondern auch vom Kaiser Maximilian II. am 17. Mai und 7. Juli e. a. Bestätigung, von letzterem außerdem Kaiserlichen Schutz erhalten hatte, die Kaiserliche Bestätigung allen Reichsständen zuzuschicken, um sich nicht nur als rechtmäßigen Abt auszuweisen, sondern auch zugleich seine Stiftsvasallen in's Kloster zu laden, ihre Lehngüter praestitis praestandis entgegenzunehmen, wodurch er wieder etwas Geld in die Hände bekam. Er war ein sehr rechtschaffener Mann und treuer Abt.

Nicht so sein Nachfolger Georg Kreite, aus Osterwiek gebürtig, der 1569 die Abtswürde erhielt und nur als der letzte Abt genannt zu werden verdient. Sein Vater war Mönch in Walkenried gewesen, hatte aber nach dem Bauernkriege seine Mönchskappe weggeworfen und ein Weib genommen. Er that seinen Sohn auf die Walkenrieder Schule, und da nach Adams Tode keine Ordensperson mehr vorhanden war, so hatte dieser das Glück, als junger Schüler zum Abt gewählt zu werden. Auf seine, wie schon auf Adams Bestätigung gingen unmäßige Kosten, viele tausend Gulden. Nicht nur dem Kloster Altenkampen mußte eine bedeutende Summe gezahlt werden, auch die Legaten, Kanzler, Juristen, Doktoren u. s. w. verursachten viel Kosten. Von Kreite sagt der genannte Neander in seiner Ilfelder Chronik: „Er war ein alberner socius, trug an jeglichen seinen Fingern güldene Ringe, schöne fuchsene Schauben und Pelze, und schenket einem hier, dem andern dar, war auch auf der Karten also geübet, daß er auf einem Abend ein vierzig oder fünfzig Thaler verspielen kunte, und hatten die Hohnsteinschen Diener und Räthe eine melkende Kuh täglich an ihm, und war von jedermann gnädiger Herr genennet, und hatte M. Mylius, desselben Rektor, mein gewesener Discipul, mit den Seinen böse Zeit bei ihm. Derselbe Herr Georg hatte kein besser Lob, weil er lebte, denn daß in Küchen und Keller wohlstunde, ob er wohl nicht in einen Kuh- oder Kälberstall kommen, oder nach Küh' und Kälber nach Ernst gefraget; — — er soff sich zu Tode." Kreite starb i. J. 1578.

Um der Unordnung im Finanzwesen des Stifts zu steuern und den Rest seiner Güter zu retten, schritt der Graf Volkmar Wolfgang von Hohnstein nach dem Tode dieses Abts ein, hob die Aebte, auf welche ohnedies große Kosten verwendet werden mußten, auf und nahm die Verwaltung der Stiftsgüter an sich. An die Stelle der Aebte traten fortan Administratoren, und zwar setzte Volkmar Wolfgang zuerst als solchen seinen Sohn, den sechszehnjährigen Ernst ein, welcher auch vom Abte zu Altenkampen die Bestätigung erhielt. Da er aber außerhalb des Klosters, in der Residenz seines Vaters sich aufhielt, so führte in seinem Namen der frühere Subprior Liborius Hirsch die Verwaltung.

Die Sache war dadurch aber nicht besser geworden. Auch Hirsch scheint bei der Administration sein eigenes Interesse mehr als das des Klosters im Auge gehabt zu haben. Von seinem Verhalten sagt der mehrgenannte Neander: „Er verkaufte zu Goslar, weiß nicht, mit was Vorwenden und Schein einen Hof samt etlichen Zugehörigen vor etliche tausend Gülden oder Thaler, und wie er nach etlichen Jahren der Abtei müde, zog er auf ein gut reich Vorwerk, so er noch inne hat, und brauchet bey seinen guten faulen Tagen Ruhe und Frieden."

Als der alte Graf Volkmar Wolfgang den 5. Febr. 1580 mit Tode abgegangen und sein Sohn Ernst noch minderjährig war, so wurden ihm die Grafen Wilhelm von Schwarzburg und Albrecht von Barby zu Vormündern bestellt. Diese machten der Ersparniß wegen verschiedene Veränderungen im Kloster, jedoch nicht überall zum Vortheil desselben. Liborius Hirsch wurde entlassen, auf das Klostergut zu Günzerode gesetzt und an seine Stelle ein gewisser Georg Fraber zum Klosterverwalter bestellt; die Klosterpferde wurden verkauft, und die Stiftsländereien ließ man von den Bauern der benachbarten Dörfer bestellen. Auch der Kirchendienst wurde anders geordnet, und der Rektor Mylius nebst seinen Scholaren mußte sich mit einem geringen Deputat begnügen, ebenso die Konventualen. Die übrigen Intraden nahmen die Vormünder widerrechtlich an sich und verwendeten sie zu ihrem eigenen Gebrauche. Als jedoch Graf Ernst 1582 mündig geworden war, stellte er in vielen Dingen die alte Ordnung wieder her, namentlich schaffte er wieder Pferde und Geschirr zum Ackerbau an, setzte die ganze Oekonomiewirthschaft in den alten Stand und stellte neue Klosterbediente an. Am 11. December 1583 hielt er einen Konvent im Kloster, worin er die Geistlichen seiner Graffschaft zu gewissenhafter Amtsführung, tadellosem Leben und Verkündigung der reinen Lehre ermahnte. Auch machte er damals die Verordnung, daß in Zukunft alle Prediger seiner Graffschaft in Walkenried ordinirt werden sollten und die Ordination der Stiftsprediger und Pastor in Ellrich nebst einigen Dorfpredigern der Umgegend zu verrichten habe. — Ernst VII. von Hohnstein starb als der letzte seines Stammes den 8. Juli 1593. Am Fieber erkrankt und sein Ende nahe fühlend, ließ er sich von seinem Residenzschlosse Lohra nach Walkenried bringen. Dort besserte sich sein Befinden, und man dankte schon in den Kirchen für seine Genesung. Da, eines Sonntags früh, am vorhin genannten Tage, fragte er nach der Stunde. Es war kurz vor 2 Uhr. "So pflege ich ein wenig zu ruhen," meinte er, schlief ein, aber erwachte nicht wieder, und in diesem Morgenschlaf erlosch dieses uralte Grafengeschlecht, das alte Chronisten sogar bis auf Karl den Großen zurückführen wollen. Sein Leichnam wurde in einen hölzernen und dieser in einen zinnernen Sarg gelegt und am 18. Juli in der Kapitelstube des Klosters beigesetzt. Weil er ohne männliche Erben gestorben, so wurde ihm das Gräfliche Wappen, Zügel und Schwert mit in's Grab gegeben. Die Leichenpredigt hielt ihm der damalige Rektor und Pastor des Klosters, der als Verfasser einer lateinischen Chronik von Walkenried bekannte Magister Heinrich Eckstorm.

Im Jahre 1574 waren von dem Hause Sachsen die oberschutzherrlichen Gerechtsame über Walkenried durch eine Austauschung des Halberstädtischen Lehens der Grafen von Hohnstein gegen das Mansfeldische an das Bisthum Halberstadt abgetreten. In Folge dessen nahm der Herzog Heinrich Julius zu Braunschweig und Lüneburg als postulirter Bischof von Halberstadt die Inspektion und Visitation des Stifts in Anspruch. Graf Ernst von Hohnstein wollte ihm dies aber nicht zugestehen, und so entstand eine Zwistigkeit, zu deren Beilegung von Kurfürstlichen, Sächsischen, Bischöflichen und Gräflichen Abgeordneten im Juni 1581 in der Reichsstadt Nordhausen eine Zusammenkunft stattfand, auf welcher durch einen Vertrag die Befugnisse beider Schutzherrschaften näher bestimmt und gegen einander abgegrenzt wurden. Darauf war i. J. 1583 die Oberschutzherrlichkeit über Walkenried vom Bisthume Halberstadt als ein Lehen auf das Herzogliche Haus Braunschweig Wolfenbüttelscher Linie übertragen worden. Diese Linie hatte aber auch früher schon die Anwartschaft auf die Halberstädtischen Lehen der Grafen zu Hohnstein von dem Domkapitel zu Halberstadt erhalten. Als nun mit dem Tode des letzten Grafen Ernst von Hohnstein der Mannsstamm dieses Geschlechts ausgegangen war, so nahm der damalige Herzog Heinrich Julius zu Braunschweig, vom Stifte Halberstadt jetzt förmlich damit belehnt, die Hohnsteinschen Grafschaften Lohra und Klettenberg in Besitz, und da er zugleich postulirter Bischof von Halberstadt war, so vereinigte er jetzt in seiner Person die Rechte des Ober- und Unterschirmherrn über Walkenried.

Herzog Heinrich Julius ließ bereits drei Tage nach Graf Ernstens Tode, den 11. Juli 1593, durch seinen Kanzler D. Johann Jagemann und Grenzsekretarius Martin Probst von den Herrschaften Lohra und Klettenberg Besitz ergreifen und sich huldigen. Zu demselben Zwecke kamen Ende August's genannten Jahres der Kanzler Joachim Götze, der Hauptmann Kaspar v. Wreden und der Sekretarius Bodemeyer in das Stift Walkenried und forderten zugleich die Konventualen auf, entweder einen tüchtigen Abt oder einen andern Stiftsadministrator zu wählen. Diese hielten einen Abt dem Stifte nicht für zuträglich und wählten den Herzog Heinrich Julius zu ihrem Administrator, welche Wahl von den Abgeordneten im Namen ihres Herrn angenommen wurde. Im Monat Oktober desselben Jahres ließ der Herzog durch Heinrich, Abt zu Ringelheim, seinen Hofprediger D. Basilius Satler und andere Geistliche in den Herrschaften Lohra und Klettenberg Kirchenvisitation halten und alle Prediger aus der Klettenberg'schen Herrschaft in dem Stifte Walkenried, die aus der Lohra'schen aber in Bleicherode zu einer Synode sich versammeln, auf welcher ihnen befohlen wurde, ihren Gottesdienst nach der Braunschweigschen Kirchenordnung zu halten.

Mit der Besitzergreifung der erwähnten Theile der Grafschaft Hohnstein durch Herzog Heinrich Julius war aber der Graf Karl Günther von Schwarzburg, welcher, auf eine Erbverbrüderung mit den Hohnsteinern sich stützend, Ansprüche auf die Grafschaft zu haben glaubte, auch schon längst die Administration des Klosters gewünscht hatte, sehr unzufrieden. Er wußte sich nicht anders zu rächen, als daß er den Prälaten von Altenkampen überredete, dem Kloster wäre bei dem schlechten Zustande desselben ein Abt sehr nöthig, und sich von diesem zum Abt von Walkenried wählen ließ, obwohl der Prälat nach der Reformation des Stifts gar kein Recht dazu hatte. Auch nahm er dem

Kloster alle in der goldenen Aue und sonst in seiner Grafschaft zuständigen Einkünfte weg, die nach damaligem Preise mindestens siebentausend Gulden betrugen. Die Konventualen, Lehrer und Schüler in Walkenried würden Mangel gelitten haben, wenn ihnen nicht der Herzog Lebensmittel geschickt hätte. Der Konvent führte Beschwerde beim Reichskammergericht, welches den 14. März 1594 dem Grafen von Schwarzburg befahl, dem Kloster seine Einkünfte nicht vorzuenthalten. Der Graf respektirte aber diesen Befehl nicht, und so sah sich der Herzog von Braunschweig genöthigt, den damaligen Prior Johann Bolemann und den Helmstedter Professor Andreas Clubius nach Speier zum Kaiser Rudolph zu schicken. Es half aber nichts, die Abgesandten wurden mit leeren Versprechungen abgefertigt. Herzog Heinrich Julius unterließ nichts, was sowohl zur Erhaltung des Klosters als zur Ersetzung der abgegangenen Konventualen nöthig war, deren Zahl er durch den Rektor Eckstorm, Friedrich Schweser, Pfarrer zu Liebenrode, und Viktor Buhle, Pfarrer zu Hohegeiß, ergänzte. Auch ließ er alljährlich die Klosterschule visitiren und die Stiftsrechnungen abnehmen. Nach seinem, am 20. Juli 1613 erfolgten Tode wählte der Konvent seinen Sohn und Nachfolger, den Herzog Friedrich Ulrich, zum Administrator.

Unter der Administration dieses letzteren brach der dreißigjährige Krieg aus, der für das Kloster viele Veränderungen und Drangsale brachte. Kaiser Ferdinand wollte den Herzog als Lehnserben der Grafschaft Hohnstein nicht anerkennen, verkaufte dieselbe vielmehr als ein konfiscirtes Land durch ein Patent vom 24. Februar 1628 für 60,000 Rheinische Gulden wiederkäuflich an seinen Rath und Kammerherrn Christoph Simon Grafen von Thun und beauftragte Wallenstein, denselben mit Güte oder Gewalt in den Besitz der Grafschaft zu setzen. Der Herzog legte beim Kaiser Protest dagegen ein, allein umsonst. Auf Wallensteins Befehl mußte der Halberstädtische Kommandant und Freiherr von der Ehre, Oberst David Becker am 13. April 1628 in Bleicherode die Stände von ihrem Eide gegen den Herzog von Braunschweig entbinden und sie für den Grafen von Thun in Eid und Pflicht nehmen. Der damalige Prior von Walkenried, Friedrich Hildebrand, weigerte sich anfangs, auf diesem

Landtage mit zu erscheinen und begab sich auf den Klosterhof nach Nordhausen; allein Becker schrieb an den dortigen Rath und befahl ihm im Namen des Kaisers, den Prior nach Bleicherode zu schaffen, worauf Hildebrand sich fügen und den Grafen von Thun als seinen Herrn anerkennen mußte. Dieser verordnete den Grafen Paul Peth von Rieteburg als Administrator der Grafschaft, welcher die Unterthanen mit schwerer Kontribution belegen und solche, wo nöthig, durch militärische Exekution eintreiben mußte. Besonders Kloster Walkenried wurde hart mitgenommen und mußte dasjenige vierfach bezahlen, was die Ritterschaft doppelt gab; alle Beschwerden des Priors fruchteten nichts. Oberst Becker erhob seit dem 6. August 1628 für seine Besatzung auf Schloß Lohra von dem Kloster eine wöchentliche Kontribution von 250 Thlr., die er indessen seit dem 22. Oktober auf 90 Thlr. ermäßigte. Nachdem darauf der Kaiserliche Oberst Graf von Merode, welcher in der ihm verpfändeten Grafschaft Blankenburg auf das scheußlichste hauste, bereits 7714 Thlr. erpreßt hatte, trieb er von den Bewohnern des Stiftsamts auch noch 5000 Thlr. ein. Aehnliches that das Hardecurtsche Regiment in Zorge, Wiede und Walkenried. Fast sämmtliche Pferde wurden geraubt, so daß die Härzer herbeigerufen werden mußten, um mit ihren Pferden das Feld zu bestellen.

Man suchte auch die Gegenreformation in Nordhausen und den Grafschaften Hohnstein, Lohra und Klettenberg durchzuführen. Der Graf Thun ließ dieserhalb nach geschehener Einnehmung der Klöster Walkenried und Ilfeld an die Bewohner der Grafschaft folgende Bekanntmachung ergehen: Er sei entschlossen, zufolge des ihm zustehenden Patronatrechtes die Klöster der Grafschaften wieder mit Mönchen und die Pfarreien mit katholischen Priestern zu besetzen, und habe dieserhalb den Abt zu Ilfeld zu seinem Bevollmächtigten bestellt; ein Gleiches hoffe er von andern Kirchenpatronen. Seinem Statthalter befehle er, den letzteren wie dem Abte zu Ilfeld bei Ausübung dieses Werkes kräftige Hülfe zu leisten, wo nöthig sogar militärische.

Im Januar 1629 funden sich auch bereits, also noch vor Erlaß des Restitutionsedikts (6. März 1629), mehrere Kommissarien, nämlich der für ganz Deutschland, Böhmen, Schlesien, Oestreich und Ungarn verordnete Visitator, Kaspar von Questenberg, Prämonstratenserabt des bei Prag liegenden Klosters Strohhof und Silo, der Magdeburger Probst Martin Striccerius, der Generalcommissarius des Cistercienserordens Johann Martin Mager aus Schönburg, Barthold Nihusius, Probst zu Althaldensleben (später Abt zu Ilfeld), mit Mönchen und Meßpriestern in Nordhausen ein, die geistlichen Güter von den Evangelischen abzufordern, die Klöster wieder mit Mönchen und die Pfarreien mit katholischen Predigern zu besetzen. Der Landhauptmann Pethe wurde nach Nordhausen citirt und ihm der Befehl ertheilt, ihre Anordnungen mit gewaffneter Hand zu vollziehen. Auch der Prior von Walkenried, Friedrich Hildebrand, mußte sich vor den Kommissarien im Hofe des Ilfelder Stifts in Nordhausen stellen. Er erschien mit schwerem Herzen und wurde wie ein Gefangener behandelt, ihm auch durch Pethe angekündigt, daß sein Kloster den Cistercienser Mönchen wieder überantwortet werden solle. Hierauf begab sich der Generalcommissar Mager mit einer Kompagnie Kroaten, die den Prior Hildebrand als Gefangenen mit sich führten, nach dem Kloster Walkenried und nahm es den 20. Januar 1629 für seinen Orden wieder in Besitz. Den 22. April traf auch auf seine Aufforderung der Abt des Cistercienserklosters Kaisersheim in Schwaben mit mehreren Mönchen und einer ansehnlichen Leibgarde im Kloster ein, ließ die Bilder Luthers und Melanchthons aus der Kapitelstube werfen, weihte den Ort auf's neue ein und hielt wieder die erste Messe darin. Den folgenden Sonntag, den 26. April, weihte er in der Kirche einen seiner Mönche, Christoph Kolichen, zum Abte, wozu ihm vom Pater General des Cistercienserordens Vollmacht ertheilt war. Hildebrand blieb mit Magers Erlaubniß noch ein halbes Jahr im Kloster und führte auf Wunsch des Abtes die Aufsicht über die Oekonomie, zog dann nach Goslar, später nach Nordhausen und endlich nach Sachsa. Während sich der neue katholische Abt in dem Frankenbergschen Kloster zu Goslar einen Beinbruch heilen ließ, versah ein Nordhäuser Domherr Namens Thomas Schott die Klosteradministration. Der neue Abt nahm auch mit den Klostergebäuden verschiedene Veränderungen vor, einige wurden niedergerissen, andere reparirt, auch neue Gebäude aufgeführt.

Die Ankunft der Schweden vertrieb die neuen Gäste auch aus Walkenried. Als Kolichen erfuhr, daß Tilly den 7. September 1631 bei Leipzig von Gustav Adolph geschlagen sei und durch Thüringen und das Halberstädtsche verfolgt werde, ergriff er mit seinen Mönchen die Flucht, nahm aber einen überaus schönen und kostbaren Altar von kunstvoller musivischer Arbeit mit und brachte ihn nach Prag, wo er noch heute als eine große Seltenheit gezeigt wird. Nach seinem Abzuge erschien der Prior Hildebrand von Sachsa wieder mit den übrigen alten evangelischen Stiftsbeamten. Weil sie aber das Kloster ziemlich ausgeleert fanden, auch die Zeiten sehr veränderlich waren, so geschah die völlige Einnahme desselben erst am Weihnachtsfeste 1631. Doch konnte Walkenried vor mehreren feindlichen Ueberfällen nicht geschützt werden, namentlich war es der Wuth der Harzschützen*) sehr ausgesetzt. So machten letztere 1631 einen Einfall und nahmen 16 Ackerpferde mit. Im Jahre 1634 lag der Schwedische Oberst Carsten Stahlhantsch (Stallhans) mit 8 Kompagnien Reiter, zusammen 1000 Gemeinen und 186 Officierpferden im Kloster, für welche unter Exekutionsandrohung durch den Lieutenant Mathes Jahn eine Summe von 2428 Thlr. zehntägige Löhnung eingezogen wurde. Auch im folgenden Jahre hatte das Kloster durch Plünderung der Schweden sowohl wie Kaiserlichen arg zu leiden. Am 11. Januar 1637 drangen

---

*) Die Harzschützen waren ursprünglich solche Harzbewohner, welche sich im dreißigjährigen Kriege zusammengerottet hatten, um sich in ihren Bergen und Wäldern der feindlichen Soldaten zu erwehren, deren sie so viele plünderten und erschlugen, daß, als Tilly mit seinem Volk von Magdeburg über den Harz nach Erfurt zog, die zur Abholung der Wolfenbüttelschen Munition beehligten Truppen am Paß auf dem Harze so viel Todte fanden, als wäre dort ein Treffen vorgefallen. Mit der Zeit arteten die Harzschützen aber in Straßenräuber aus, welche nicht nur die Reisenden plünderten, sondern auch in den Ortschaften auf und um den Harz räuberische Einfälle machten. Kaiser Ferdinand und der Herzog Friedrich Ulrich von Braunschweig erließen nachdrückliche Verordnungen gegen sie; allein nur nach und nach konnte diesem Unwesen gesteuert werden.

drei starke Trupps Schwedischer Reiter und Fußvolk des Generals Lesle, ungeachtet des Protestes des Salvaguardia, welcher schon über 14 Tage vom Hobitzschen Regimente im Kloster war, mit Gewalt in daselbe ein und plünderten zwei Tage lang, wobei die Bürger in der Sachsa, wo etliche Regimenter ihr Quartier hatten, mit ihren einquartierten Soldaten ziemlich mithalfen. Die Klosterbeamten wurden übel behandelt, geschlagen und geprügelt, der Konrektor nebst den Schülern bei der herrschenden grimmigen Kälte bis auf's Hemd ausgezogen und eine Menge Vieh und Viktualien beim Aufbruche mit hinweggenommen. Die Kaiserlichen machten es noch ärger. Den 19. Januar desselben Jahres quartierte sich ein Regiment Reiter und etliche Kompagnien zu Fuß, Völker des um diese Zeit nach Leipzig ziehenden Generals v. Götz, im Kloster ein, welche das, was die Schweden noch gelassen, vollends wegnahmen, zerschlugen und vernichteten. Der Abt und die Klosterbeamten flüchteten jetzt nach dem Klosterhofe in Nordhausen und blieben daselbst bis auf ruhigere Zeiten.

Auch mit der Schule, mit welcher 1636 wieder ein Anfang gemacht war, stand es in diesen Kriegsunruhen fortwährend mißlich. Zwar wurde bis 1640 noch Schule gehalten, doch konnte der Unterricht, häufig unterbrochen, natürlicherweise nicht gedeihen. Rektor und Schüler mußten einigemale sogar vor den feindlichen Soldaten bei Frost und Kälte in den Harz fliehen. Im Jahre 1641 verließen auch sie der Kriegsgefahr wegen das Kloster, hielten sich erst eine Zeit lang in Wieda und an andern Orten im Harze auf, wurden später aber nach dem Walkenrieder Hofe in Göttingen geschickt, wo der Konrektor Justus Ammon sie zu unterrichten und die Stiftsinteressen wahrzunehmen hatte. —

Endlich wurde durch den Westphälischen Friedensschluß 1648 die öffentliche Sicherheit wieder hergestellt. Derselbe machte zugleich der Scheinexistenz des Reichsstifts ein Ende, indem er dasselbe — unter Aufhebung aller daran dem Bisthum Halberstadt und den Grafen von Hohnstein zuständig gewesenen Rechte und Ansprüche — dem Hause Braunschweig Lüneburg als Theil der diesem für manche Verluste verheißenen Entschädigung zusprach). Als i. J. 1634 mit dem Tode des Herzogs Friedrich Ulrich die mittlere Wolfenbüttelsche Linie ausgestorben war, hatte man den Herzog Christian Ludwig aus dem Celleschen Hause zum Administrator von Walkenried gewählt, einen rechtschaffenen, für das Beste des Stifts eifrig besorgten Mann. Nach seinem Tode ging das Stift durch Erbvergleich vom 2. September 1665 auf die Cellesche Linie des Gesammthauses, an Herzog Georg Wilhelm über, der es aber in einem Vertrage vom 6. Mai 1671 tauschweise gegen die Dannenbergschen Aemter an die neue Wolfenbüttelsche Linie, an Herzog Rudolph August abtrat. Von da ab ist Walkenried bis heutigen Tages mit den Besitzungen dieser Linie — die Zeit von 1674 bis 1692 abgerechnet, während welcher es an Sachsen-Gotha pfandweise eingegeben war — vereinigt geblieben.

Die gegen Walkenried und seine Güter gerichtete Verwünschung Luthers ging in Erfüllung. Die Güter schwanden immer mehr zusammen, die weltlichen Herren scheuten sich nicht, sie anzutasten. Auch die Klosterschule mußte darum ihren Untergang finden. Herzog Georg Wilhelm von Celle hob sie noch vor der 1671 erfolgten Abtretung des Stifts an die Wolfenbüttelsche Linie (etwa i. J. 1668) auf, löste die Berechtigung der Schwarzburgschen und Stolbergschen Regierung, sechs Stipendiaten zu präsentiren, mittelst Vergleichs d. d. Nordhausen 22. Juni 1669 durch eine Geldrente ab und verwendete die Einkünfte der Stiftsschule mit zur Gründung von Stipendien in Helmstedt und Lüneburg. Der letzte Rektor war M. Johann Moring, welcher nach Aufhebung der Schule nebst den übrigen Schulkollegen sich nach Braunschweig begab. Statt seiner wurde ein Prediger verordnet[*]. — Seit jener Zeit standen die Klostergebäude öde und

---

[*] Wie es i. J. 1662 mit dem Kloster bestellt gewesen, hat man aus einer Nachricht erfahren, welche in einem Thurmknopfe lag. Nach Inhalt derselben waren damals Herzogl. Bediente zu Wallenried: Kanzler Langenbeck, Hermann v. Oeynhausen, Friedrich v. Cramm und Barth. Stupell; Kirchen- und Schulbediente: Pastor Lindes, Rektor Mohring, Kantor Strecker, Subkonrektor Ernst und Organist Becker. In der Schule wurden damals vierzig Schüler frei unterhalten, zwanzig andere bezahlten ein jeder 36 Thlr. Zur Kranken- und Badestube war ein

verlassen, und auch sie gingen ihrem Untergange entgegen. Zur Erhaltung derselben war schon unter den letzten Aebten nichts geschehen. So war namentlich die schöne Klosterkirche, deren Decke, wie wir früher berichtet, die Bauern arg beschädigt hatten, nicht reparirt worden, so daß gar bald der Regen durchdrang und schon wenige Jahre nachher das hohe Chor einstürzte. Doch wurde trotzdem in dem Vordertheile der Kirche gegen Westen zu noch bis 1570 Gottesdienst gehalten, von da ab aber, weil sich dies nicht länger wollte thun lassen, derselbe in die Kapitelstube verlegt und die herrliche Kirche ihrem Schicksal überlassen. Als immer mehr einfiel und die herabstürzenden Steine Gefahr drohten, wurde Vieles eingerissen und von den Quadern die Kirchen in der Neustadt zu Nordhausen, zu Wofleben, zu Steina, zu Gudersleben, zu Mackenrode, die Garnisonkirche in Blankenburg, auch der Wildenhof (Herzogliches Jagdschloß und Oberförsterei) und das Hospital zu Walkenried erbaut. Im Jahre 1728 wurde ein kleiner Thurm, 1740 ein anderer abgebrochen. Anstatt des Schulgebäudes und des Laienhauses wurde ein neues Haus aufgeführt und mit einer Schlaguhr versehen.

Von der Kirche sind nur noch wenige Fragmente vorhanden, nämlich das Portal, ein Theil des Kreuzflügels und ein Stück vom östlichen Theile, welcher das hohe Chor umschloß; doch lassen sie den Beschauer noch erkennen, wie umfangreich, schön und kunstvoll dieser Bau gewesen ist. Durch Wegräumung des Schuttes ist neuerdings auch die südliche Wand des Paradieses blos gelegt, worin man noch viele Nischen für Heiligenbilder und andere Heiligthümer sieht, neben jeder Nische noch einen kleinen Schrank, in welchem das betreffende Heiligthum, das man nur zu gewissen Zeiten ausstellte, eingeschlossen wurde; desgleichen sind dadurch mehrere Sockel jener wunderschönen großen, mit Säulen reich verzierten Pfeiler sichtbar geworden, auf denen das Deckengewölbe der Kirche und die Arkaden ruhten,

---

Medikus aus Nordhausen und ein Chirurgus aus Ellrich bestellt. Bei dieser Nachricht lagen verschiedene Sechspfennigstücke, auf welchen „Stift Walkenried" stand. (S. Stübners Denkwürdigkeiten des Fürstenthums Blankenburg pag. 583.)

welche das Schiff von beiden Abseiten trennten. Nach dem Abbruche eines Wohnhauses, welches in der Nähe der Wand des Hochaltars stand, hat man in neuerer Zeit auch einen steinernen Sarg mit Ueberbleibseln von Gebeinen vorgefunden, welcher daselbst, einem großen Steintrog ähnlich, noch steht, und in welchem das Kopfende deutlich zu sehen ist; die Gebeine sind indessen beerdigt worden. Wahrscheinlich gehören diese irdischen Reste dem ersten Abte des Klosters, Heinrich I. (1127—1178), an und wurden vielleicht mit der Leiche der Stifterin aus dem alten in das neue Kloster gebracht. Noch möchten wir auf die in den Stein gegrabenen, noch ziemlich deutlichen Konturen aufmerksam machen, welche sich auf der inneren Seite des Restes vom hohen Chore befinden und zwei (oder vielleicht drei, denn die mittlere Figur ist nicht mehr ganz deutlich) Rittergestalten darstellen, aus deren Wappen man erkannt hat, daß es Bildnisse von Gliedern der Familie von Tettenborn sind.

Der Kreuzgang und die frühere Kapitelstube, jetzige Kirche des Orts, sind noch wohl erhalten, und um sie zu besichtigen, wende man sich an den dicht am Kloster wohnenden Schullehrer, der gern bereit ist, die Reisenden umherzuführen und auf die Sehenswürdigkeiten aufmerksam zu machen. In den Kreuzgang gelangt man durch einen ziemlich langen, gleich einem Kreuzflügel vorgebauten Bogengang, dessen Gewölbe aber in alter Zeit bedeutend höher war. Links von diesem Gange befindet sich das ehemalige Refektorium, noch ziemlich erhalten, gegenwärtig aber zur Holzremise dienend, in welchem nordwärts ein kleiner Eingang zu der früheren Wohnung des Paters Pförtner führt; rechts davon die Kapitelstube. Der Kreuzgang, in welchem der Herzog von Braunschweig neuerdings einige abgebrochene Steinarbeiten an den schönen, ehemals mit den herrlichsten Glasmalereien verzierten Bogenfenstern hat wieder herstellen lassen, ist von überraschender architektonischer Schönheit; zu bewundern sind namentlich die schlanken, reich verzierten Pfeiler und das äußerst kunstvolle Spitzbogengewölbe. Auf dem Fußboden gewahren wir viele Inschriften auf Grabsteinen und an den Wänden Votivtafeln und Epitaphien zum Andenken Gestorbener und theilweise ebenfalls im Kloster Begrabener. Sie gehören jedoch meist der neueren Zeit an, wie der Grabstein für den 1777 verstorbenen Dr. med. et Phys. Georg Philipp Spangenberg, der daneben befindliche für seine 1783 verstorbene Gemahlin geb. Pflüger, ferner diejenigen für Eckstorms Kinder, die Epitaphien oder Votivtafeln für den Pastor und Adjunkt Jakob Georg Resenus (1700), den Magister Lindes (16...), für Happe (1692), dessen Kinder und Gemahlin, den Schuldirektor Johann Schmidt, den Inspektor Röpenack (1684), für Jünemann (1775), den Amtmann Joh. Georg Rudolphi (1745) und das ebenfalls aus dem vorigen Jahrhundert stammende Epitaphium für die Kleemannsche Familie, deren Nachkommen sich noch in Steinthalleben befinden, eine auf dem Aschenkruge ihres vorangegangenen Gatten ruhende Frauengestalt, darüber das Wappen der Familie, darstellend. Der alten Zeit gehören nur an: eine Inschrift in der östlichen Ecke, den Buchstaben nach zu urtheilen aus dem dreizehnten Jahrhundert, welche lautet: „Mortuus in Xsto miles tumulo jacet isto Letsch Wernherus a. sal. Christi — — — zu einer Figur in Umrissen mit einem Schuppenpanzer gehörig, welche früher unter den Frauenstühlen in der Kapitelstube gelegen hat; ferner eine Inschrift in der vom Kreuzgange in die nordwärts von der Kapitelstube gelegene Marienkapelle führenden, jetzt vermauerten Thür, auf dem Leichensteine eines jungen Herrn v. Tettenborn oder Trebra: „† Anno MCCLXVII. III. (ante) Id. Apriles Carolus Fridericus (— — fehlt) cuj. anima requiescat." Auch das nicht weit davon befindliche Epitaphium, einer Gräfin Magdalene von Reinstein-Blankenburg gehörig und aus der Kapitelstube hierher gebracht, von dem aber wenig mehr zu erkennen, ist uralt. Jene Gräfin ist jedenfalls die zweite Gemahlin des Grafen Volkmar Wolfgang von Hohnstein, die er sich 1586 antrauen ließ, und welche eine Tochter des Grafen Ulrich von Reinstein-Blankenburg war. Die auf einem in der Wand eingemauerten Leichensteine eingehauene Rittergestalt soll Hermann den Starken Grafen von Lauterberg darstellen, rührt aber freilich aus späterer Zeit her und ist das Gebilde eines Oberförsters; die Hände, welche jetzt fehlen, scheinen ursprünglich daran gewesen zu sein. Außerdem befindet sich in der Kolonnade des Kreuzgangs in einem Verschlage von Eichenholz der etwas verstümmelte Leichenstein eines der älteren Grafen von Hohnstein (Botho? ca. 1505?), nothdürftig zusammengesetzt und mit undeutlicher, mangelhafter Umschrift; nur aus dem Wappen im Schilde der ausgehauenen Ritterfigur ist zu erkennen, daß letztere ein Glied dieses Grafengeschlechts darstellen soll. Man hat diesen Leichenstein neuerdings beim Aufräumen im Schiffe der großen Kirche vorgefunden. Auch ist jetzt im Kreuzgange die früher im nördlichen Thore des Klosters ungefähr vierzig Fuß hoch angebrachte gewesene, aus Stein gehauene Mutter Maria aufgestellt. Auf vielen am Fußboden des Kreuzganges befindlichen Grabsteinen ist weder Inschrift noch Bildniß mehr zu erkennen, und stammen diese daher wohl aus ganz alter Zeit. Am südlichen Ende der Westseite befindet sich der jetzt vermauerte Eingang zum Weinkeller des Klosters, über welchem ein aus Stein gehauener Bacchuskopf prangt; der eigentliche Weinspeicher aber lag da, wo sich jetzt die Pfarrwohnung befindet. Am östlichen Ende der Südseite mündete die Treppe, die von den Zellen der Mönche herunterführte; dicht vor diesem Eingange, auf der östlichen Seite des Kreuzganges, ist noch der Sockel eines Marien- oder andern Heiligenbildes zu sehen, vor welchem jedenfalls die herunterkommenden Mönche ihre Andacht verrichteten. Unweit davon, auf derselben Seite, befindet sich die jetzt gleichfalls vermauerte Eingangsthür zum Refektorium, darüber in Stein gehauen eine Eule mit ausgebreiteten Flügeln, was die Mönche zur Wachsamkeit ermahnen sollte, daß sie ihr Herz nicht mit Fressen und Saufen beschwerten. Bemerkenswerth ist noch die Ruine des Baptisteriums, welches vom südlichen Kreuzgange in das Viridarium hinausgebaut ist. Seine Grundform ist wie bei den meisten Klöstern achteckig (zuweilen findet man auch die runde Form). Es stand hier ein großes und starkes metallenes Becken mit zehn Röhren, in welches das Wasser aus der Wiede geleitet wurde, verfertigt im Anfange des dreizehnten Jahrhunderts von einem Laienbruder, einem vormaligen Hüttenmeister. Wie wir schon berichtet, versuchten die aufrührerischen Bauern bei der Verwüstung des Klosters dasselbe vergebens zu zerschlagen und zu schmelzen. Ueber den Zweck der Baptisterien sind die Ansichten getheilt. Einige meinen, sie seien eigene Taufkirchen gewesen; Andere dagegen, sie haben den Mönchen dazu gedient, sich darin zu waschen und durch einen Trunk kühlen und klaren Borns zu erfrischen, wozu auch heutiges Tags noch die in Italien erhaltenen Bauwerke dieser Art (zu Parma, Pisa, Ravenna, Florenz u. s. w.) dienten, in welchen ringsum Bänke angebracht wären und auf der einen Seite ein Behälter für die Trinkgefäße, zugleich mit einer kleinen Ausgußrinne für das Wasch- und übrig gebliebene Trinkwasser. Eine solche Rinne findet sich in der That auch in dem Walkenrieder Baptisterium noch vor, kann aber auch zum Abguß des gebrauchten Taufwassers gedient haben. Daß die Baptisterien in der Regel sehr umfangreich sind, wie auch hier in Walkenried, beweist für diese Ansicht nichts; denn auch die Taufhäuser verlangten einen ziemlichen Umfang, weil wegen der seltenen Taufzeiten (anfangs nur zu Ostern und Pfingsten) eine Menge Täuflinge zusammenkamen. Ebenfalls kann der Name nichts beweisen, denn das griechische Wort baptizein bedeutet ebenso wohl untertauchen, baden, als benetzen, begießen; auch wurden die Täuflinge in alter Zeit in sogenannten Taufbrunnen (große Wasserbehälter) getauft, an deren Stelle erst später der Taufstein trat. Wahrscheinlich dienten die Baptisterien zu beiden Zwecken und wurden zum Waschen und Baden ausschließlich wohl nur von da ab benutzt, wo der Taufort in die Kirche, anfangs in den Eingang derselben, später in die Kirche selbst verlegt wurde. — Vom Baptisterium sind noch zwei schöne Schlußsteinrosetten vorhanden, welche vor dem östlichen Eingange aus dem Viridarium in den Kreuzgang liegen; die eine stellt allegorisch den Ausgang des Christenthums in alle Welt in einem Kopfe dar, aus dessen Munde und Gehirn Laubwerk und Früchte nach allen Himmelsgegenden hervorsprießen; die andere die ihre Glieder nährende und schützende Kirche in einer mit ihren säugenden Jungen hingestreckten Löwin. —

Aus dem Kreuzgange tritt man in die jetzige Kirche Walkenrieds, die frühere Kapitelstube, die ziemlich klein, aber ebenfalls durch ihre architektonische Schönheit und manche Merkwürdigkeit eines Besuches werth ist. Zuerst fällt eine links vom Altare mit gefalteten Händen knieende Rittergestalt in die Augen; sie stellt Ernst VII., den letzten Grafen von Hohnstein, dar,

welcher, wie früher berichtet, den 8. Juli 1593 als der letzte seines Stammes in Walkenried starb und in der Kapitelstube begraben liegt. Dahinter befindet sich an der Wand sein Epitaphium mit einer langen lateinischen Inschrift, die also lautet:
„D. O. M. S.

Generoso Domino, Domino Ernesto ex illustri et perantiqua Comitum Honsteinensium prosapia oriundo, Domino in Lora et Clettenberg, Phrontisterii hujus administratori fidelissimo, majorum famam pietatis et omnium heroicarum Virtutum studio exornanti, de subditis, cum in vivis esset, optime merenti, vitae vero cursum vera fide in Christum Jesum finienti, inclyta Domina, Domina Agne ex illustri Comitum Ebersteinensium familia prognata, Domina in Neugarten et Massau, marito desideratissimo, cum quo in hoc mundo conjunctissime vixit annum unum dies viginti, eheu quam breve tempus! in altero autem coram Christo in contubernio Sanctorum cum ipso victura innumeras annorum myriades, hoc monumentum pii amoris et gratae memoriae testimonium hic prope quietis locum suo aere posuit anno salutis humanae cIɔ. Iɔ. c. II.

Viator, quisquis es, parumper siste gradum, et quam nihil uspiam in rebus humanis stabile sit, ipse tecum perpende; Inclytus hic Comes Ernestus, qui inter majores quam plurimos generosissimos Heroas, inter avias autem non paucas principum, Ducum et Electorum gratas numerare potuit, omne id, quod ex illustri Familia et accepit, et ipse generavit, Spiritum Deo creatori et Redemptori, corpus autem terrae matri commendando, vix 31 annorum spacio in mortali hac vita decurso, postremus laudatissimae suae Familiae, huc deposuit, unicam Filiolam virginem Erdmutam Julianam (Dorothea enim Elisabetha mox parentis obitum secuta est) solius honoratissimi paterni nominis, et avitae pietatis haeredem post se relinquens. Usque adeo verum est, quod sapientissimus Regum scripsit: Generatio una praeterit, generatio alia emergit. Sed immortalis gratia sit Christo Jesu Servatori, qui solius sanguinis sui merito sempiternam perennitatem nobis acquisivit, in qua infinitis seculorum seculis ipsum colebraturi sumus, Amen, sit memoria justi in benedictione." —

Ueber dieser Votivtafel hängt ein in Holz geschnitztes meisterhaftes Bild, die Auferstehung Jesu darstellend; besonders der eine Kriegsknecht ist trefflich gearbeitet.

Der Ort des Begräbnisses des letzten Hohnsteiners, der sich vor dem Altare befindet, ist jetzt nicht mehr zu erkennen, da der Grabstein bei einer Reparatur der Kapitelstube vor längeren Jahren hinweggenommen und in den Kreuzgang gestellt wurde, wo er noch jetzt steht. Leider ist bei dieser Gelegenheit die auf einer Holztafel in der Mitte des Steines angebrachte, aus erhabenen vergoldeten Buchstaben bestehende Grabschrift entwendet worden. Sie lautete:

„Der Wohlgeborne und Edle Herr, Herr Ernst, Graffe von Hohnstein, des Nahmens und Stammes der Letzte, Herr zu Lara und Clettenberg, Administrator des Stifts Walckenreden, ist Anno Domini MDLXII den XXIV. Febr. frühe zwischen 1 und 2 Uhr zu Clettenberg gebohren, und Anno Domini MDXCIII den 8. Julii frühe um II Uhr, seines Alters also XXXI Jahr, IV Monath, XXII Tage zu Walckenreden in Gott selig entschlaffen, dessen Seele Gott gnade. Liegt allhier begraben. Sap. 3. Der gerechten Seelen sind in Gotttes Hand."

Die künstlich aus Holz geschnitzte Kanzel soll i. J. 1667 ein gefangener Schäfer Namens Bonifacius in Ellrich verfertigt haben, der dadurch seine Freiheit wieder erhielt. Links vom Altare befindet sich ein Gemälde auf Holz, die Einsetzung des Abendmahls darstellend, eine sehr freie, mit Zusätzen versehene Kopie nach Lucas Kranach, wie eine Unterschrift besagt, 1557 von M. Luder, einem Nordhäuser, gefertigt. Die Kreuzigung Christi auf dem Sockel dieses Bildes ist älter und stammt wohl, den ziemlich horizontal gebildeten Armen des Heilandes nach zu schließen, mindestens aus dem vierzehnten Jahrhundert. — Der Taufstein rührt noch von dem ersten Kloster her, und da dieses 1137 eingeweiht wurde, so mag er wohl in dieser Zeit gefertigt worden sein. An der nördlichen Wand sind noch dieselben Sitze, deren sich die Mönche bedienten, und auf denen sie halb saßen, halb standen, was, besonders nach dem Essen, der Verdauung sehr zuträglich war.

Dicht neben der Kapitelstube führt aus dem Kreuzgang eine Treppe empor. An den ersten Stufen derselben stehen einige Epitaphien, in Stein gehauene Figuren mit Umschriften. Die weibliche Figur rechter Hand stellt die zweite Gemahlin des Grafen Volkmar Wolfgang von Hohnstein dar, die er sich 1586 antrauen ließ, Magdalene, Tochter Graf Ulrichs von Reinstein-Blankenburg. Dieselbe, deren Grabstein in der Wand des Kreuzgangs sich befindet. Die Umschrift lautet:

„Die Wohlgeborne und Edle Gräfin Frau Frau Magdalene von Reinstein und Blankenburg, Gräfin zu Hohnstein und Frau zu Lora und Clettenberg ist im Herrn selig entschlafen (nun kommt eine unleserliche Jahreszahl) der Seele Gott gnade."

Die ihr gegenüberstehende männliche Figur stellt ihren Gemahl dar, welcher den 5. Februar 1580 starb und gleichfalls in Walkenried begraben liegt. Er war 1522 geboren und der vorletzte Graf von Hohnstein. Die Umschrift lautet: Anno MDLXXX den 5. Februarii ist in Gott selig entschlaffen der Wohlgeborne und Edle Herr, Herr Volkmar Wolff, Graffe von Hohnstein, Herr zu Lara und Clettenberg, dessen Seele Gott gnädig sei und eine fröhliche Auferstehung verleihe." — Ein anderes Epitaphium auf der rechten Seite soll einem Kinde von Anhalt gehören, das auf dem Hohnstein verstarb. Die Umschrift ist nicht vollständig mehr zu lesen; man liest nur noch heraus: „Fräulein Elisabeth" und: „Christus ist mein Leben, Sterben ist mein Gewinn." Es gehört indessen jedenfalls der jüngsten Tochter des letzten Grafen Ernst, Dorothee Elisabeth, welche 1595 starb und im Kloster neben ihrem Großvater, dem vorgenannten Volkmar Wolfgang, begraben wurde. Nach Eckstorm lautete ihre Gedenkschrift: „Die Wohlgeborne und Edle Fräulein Dorothea Elisabeth, Gräfin von Hohnstein, ist geboren den 25. Martii Anno 1589 verschied selig im Herrn den 8. Maji Anno 1595, ihres Alters 6 Jahr. D. S. S. S. Christus ist mein Leben, Sterben ist mein Gewinn." — Außerdem befindet sich hier noch ein kleiner Stein mit der darauf ausgehauenen Kreuzigung Christi, aus dem vierzehnten Jahrhundert stammend.

Links gelangt man auf der Treppe zu einer Empore der Kapitelstube, rechts zur sogenannten „Lutherfalle", einem kleinen Behältniß in der westlichen Mauer, dessen Eingang dem einer Kapelle nicht unähnlich ist; dicht am Eingange geht ein tiefes Verließ hinab, über welches ein bewegliches Brett gelegt ist. Diese Falle, wird erzählt, hatten die tückischen Mönche Luther gelegt, als er sich einige Tage in Walkenried aufhielt, sie wurde aber durch Luthers voranlaufendes Hündchen entdeckt, welches hinabfiel. Diese Erzählung ist indeß blos Legende, denn Luther ist nie nach Walkenried gekommen. Wahrscheinlich rührt sie vom Abte Luderus (Lüder, 1309—17) her, dem vielleicht etwas Aehnliches begegnete. Jenes Verließ, das hinter der Wohnung des Pförtners hinabgeht, war ehemals vielleicht zum Foltern oder zu einem Gefängnisse bestimmt, da die Klöster auch die Gerichtsbarkeit hatten.

Ueber dem nördlichen Theile des Kreuzganges befinden sich die Torturkammern, der Landkartensaal und der sogenannte Zaubersaal, die aber der Besichtigung nicht werth, jetzt auch für Fremde nicht mehr zugänglich sind. Auf dem Zaubersaale, welcher zur Zeit, als die Schule bestand, ein Tummel- und Erholungsplatz für die Schüler war, soll sich kurze Zeit vor dem Ende der Schule eine wunderliche Begebenheit mit einem Schüler zugetragen haben, davon er seinen Namen hat, und die Behrens in seinem „curiösen Hartzwalde, Nordhausen 1763 pag. 193. folgendermaßen erzählt: „Es ist einesmahls an gedachtem Orte von den Knaben zur Lust ein Zeichen gelegt worden, um zu versuchen, wer unter ihnen darüber und am weitesten springen könne. Indem nun solches geschiehet, träget es sich zu, daß ein Knabe, so dem Bericht nach, von Ellrich soll bürtig gewesen und mit Namen Damius geheißen haben, darüber auf einen gewissen Platz springet, und nicht wieder davon kommen kann, es mögen denselben auch die mitspielenden Knaben reißen und zerren, wie sie wollen; dieserwegen zeigen etliche derselben solches dem Rektori an, welcher denn kömmet und den Knaben noch unbeweglich antrifft, kann ihm aber so wenig als die Knaben helfen; es fället ihm aber bey, daß solches von einer zauberischen Beschwörung herrühren müsse, und saget dem Knaben, er solle fleißig um sich schauen, ob er etwa eine Schrift oder Zeichen erblicken könne, welches der Knabe thut, und wird über sich einen Circul gewahr, siehet auch an der steinern Wand nach Osten eine griechische Schrift, gegen Süden aber etliche Charakteres stehen, welches er theils herlesen, theils beschreiben muß, woraus der Rektor verstehet, daß in der Mauer ein Schatz verborgen sey, und derjenige, welcher zu der Zeit, da solches geschehen, mit seinen Füßen den auf die Erde gemachten Punkt berühren würde, die Schrift sehen und das Verborgene offenbaren solle. Sobald der Rektor dieses verstehet, wird der Knabe wieder los und gehet aus dem beschwornen Circkel heraus, wohin er will. Hierauf zeiget der Rektor solches an, da denn nach dessen Anweisung gesuchet und ein steinern Geschirr mit Gelde eingemauert gefunden wird. Solches Geld soll sehr dünnes Schlages, auch so groß als ein Ortsthaler gewesen seyn, und hat man dasselbe hernach mit dem Geschirre Herzog Christian Ludwigen nach Zelle übersendet. Der Ort, wo solcher Schatz gestanden, wird noch diese Stunde denen curiosis gezeiget und ist ein viereckiges auf gedachtem Saale in die Mauer gemachtes Loch, welches mit Steinen so wohlgefüget ist, daß man solches mit anderen Steinen künstlich hat zuschieben und mit Kalck überstreichen können. Ob aber das in diesem Loche gefundene und mit Geld angefüllte Geschirr ein Topf oder, wie einige wollen, ein Kästlein gewesen, muß man dahin gestellet seyn lassen, zumahlen da solches nichts zur Sache thut. Auf diesen Zaubersaal ist Anno 1687 Hr. D. Weitz, Hochfürstl. Sächs. Rath, Leibmedicus und Bürgermeister in Gotha mit einigen anderen gegangen, um daselbst aus Curiosität die Metallruthe zu gebrauchen, da sie denn nicht weit von gedachtem Loche starke Züge der Ruthe angemerket, haben aber wegen großen Schreckens so ihnen allen angekommen, ablassen müssen, denn es am hellen Tage etwas dunkel um sie geworden, und obgleich keiner den andern feig gemachet, sind sie doch alle erblasset gewesen, derowegen sie sich bald wieder in Sicherheit gerettet, alwo sie einander fast gleichförmig erzählet, daß jedem gewesen, als wäre ein Wind durch ihn hingegangen und sie mit den Haaren biß an die Decke gezogen worden, wie solches Herr Samuel Reiherus, I. C. und Mathematum Professor zu Kiel in Holstein, in seiner Dissertatione Juridico-Philosophica de nummis quibusdam ex Chymico metallo factis cap. 36. § 20. pag. 135 et seq. aus Herrn Doct. Weitzens Epist anführet." — Diese Geschichte hat das Volk noch mehr in dem Glauben bestärkt, daß hier noch mehrere von den Mönchen unter gewissen Beschwörungen eingemauerte Schätze vorhanden sind. Selbst von seiten der Regierung wurden vor einigen vierzig Jahren dieserhalb Nachgrabungen veranstaltet, die aber nicht den mindesten Erfolg hatten.

Auch erzählt man sich, daß die Figuren oben an den Pfeilern und der Decke des Kreuzganges eine gewisse geheiligte Bedeutung hätten. Behrens sagt im vorgedachten Buche hierüber Folgendes: „Ferner ist im Creutz-Gange nach der Kirche der Meister der erstmaligen Tinctur mit allen Figuren in kleinen Thieren, als Tauben, Lilien und dergleichen unter 5 Bögen zu sehen, so sehr rar ist, und weil es noch ziemlicher maßen in seiner natürlichen Farbe stehet, da das andere fast alles ruiniret worden, so hält solches hochgedachter Herr D. Weitz, am vorgeführten Ort, § 30. p. 137 vor ein recht fatales Werk. Dieserwegen halten etliche davor: daß vor Alters Basilius Valentinus, unter dessen Nahmen viele berühmte Chymische Schriften gedruckt worden, sich in diesem Kloster aufgehalten habe, und wollen sie durchaus nicht zugeben, daß gedachter Basilius ein nomen fictitium oder falscher erdichteter Nahme von dem Griechischen Wort Βασιλεύς, das ist auf Teutsch, ein König, sey, maßen er ein geistlicher Ordens-Mann aus dem Unter-Elsaß bürtig gewesen, wie nechst anderen der Filius Sendivogii im 3 Principio de Sale, und er selbsten in seinem Tractätlein de Rebus Naturalibus et Supernaturalibus bezeuge. Dieses ist auch die Ursache, daß etliche vermeinen: wie der vorbesagte auf dem Zauber-Saale gefundene Schatz kein Geld, sondern der Lapis Philosophorum oder der Stein der Weisen gewesen sey, welchen der Rektor heimlich geholet, und sich damit, alle seinen Hausraht im Stiche lassend, fortgemacht habe, woran aber doch viele zweifeln, und das erste vor wahrhaftiger halten wollen." —

Die einzig übriggebliebene von den ehemals am Kloster gelegenen Kapellen ist, wie gesagt, die Johanneskapelle. Sie liegt südlich von der Wohnung des Schullehrers und dient gegenwärtig als Holzstall. Die Klettenbergschen Grafen, die sie reichlich beschenkt, hatten in derselben ihr Erbbegräbniß. — Da wo die Nikolauskapelle stand, — unweit des Eingangs des Klosters gegen Mitternacht zur linken Hand, — befindet sich jetzt ein Garten, in welchem man vor einiger Zeit beim Graben mehrere alte Münzen gefunden hat. —

Zum Schluß noch Einiges über das Archiv des Stifts. Wie erwähnt, war es dem Abte Paul bei dem Bauernüberfall i. J. 1525 gelungen, die Urkunden zu retten und nach Lüneburg zu bringen, wo sie dem Berechner der dem Stifte gehörenden Salzgefälle, Hartwig Schuhmacher, in Verwahrung gegeben wurden. Die an Handschriften reiche Klosterbibliothek mußte leider zurückgelassen werden und ist von den plündernden Bauern theils vernichtet, theils zerstreut worden. Im Jahre 1473 hatte der damalige Prior Heinrich Dringinberg ein Verzeichniß aufgenommen, welches in 29 Abtheilungen 1382 Originalurkunden aufführt und deren Inhalt treu und vollständig angiebt. Von Lüneburg wurden die Urkunden i. J. 1535, wie es scheint unversehrt, wieder nach Walkenried zurückgeführt. Einige Zeit nachher hat aus nicht mehr bekannten Gründen der Abt Johann Holtegel drei mit Urkunden angefüllte Kisten nach Göttingen gesendet und dort — bei wem, ist nicht ersichtlich — bis zum Jahre 1571 verwahrlich niedergelegt. Nachdem man sie von dort wieder abgeholt hatte, zeigte es sich jedoch, daß mehrere hundert von den in dem Dringinbergschen Verzeichnisse aufgeführten Urkunden fehlten. Darauf, i. J. 1580, ließen die Grafen Wilhelm von Schwarzburg und Albrecht von Barby, die Vormünder des damals minderjährigen Grafen von Hohnstein, den Urkundenvorrath durch den Prior Liborius Hirsch auf das Schloß Lohra bringen, von wo ihn der Graf von Schwarzburg, welcher, wie erwähnt, nach dem Aussterben der Grafen von Hohnstein Ansprüche auf die Advokatie und Administration Walkenrieds machte, nach Rudolstadt führte. Dort soll bei einer Feuersbrunst eine Lade, welche Zinsregister und verschiedene Urkunden enthielt, verloren gegangen sein; das Uebriggebliebene aber ist, in Gemäßheit des zwischen dem Herzoge zu Braunschweig und den Grafen von Schwarzburg am 27. Juli 1654 geschlossenen Vergleichs, noch in demselben Jahre den Abgeordneten des Herzogs ausgeliefert und nach Osterode, von da i. J. 1659 nach Celle und späterhin in das Königliche Archiv zu Hannover gebracht. Als i. J. 1671 die Cellische Linie Walkenried an die Wolfenbüttelsche abtrat, hatten sich die betreffenden Regierungen unter anderm auch verpflichtet, einander die das Stift betreffenden Akten und Urkunden herauszugeben, was indessen erst in Folge verschiedener Hindernisse i. J. 1843 geschah. Demzufolge sind außer einer beträchtlichen Anzahl von Akten aus dem 16. und 17. Jahrhunderte die sämmtlichen in Rudolstadt ausgelieferten Urkunden — mit Ausnahme von neun derselben, welche abhanden gekommen — dem Herzoglichen Landesarchiv zu Wolfenbüttel überantwortet. Hier finden sich jetzt 896 Originalien, von welchen 813 dem Zeitraume von 1134 bis 1473 und die übrigen der folgenden Zeit angehören, fast alle wohl erhalten und die meisten Siegel unverletzt. Sie sind in den Jahren 1852—1855 theils in vollständigen Abdrücken, theils in ausführlichen Regesten von dem historischen Vereine für Niedersachsen zusammengestellt und in zwei Abtheilungen, die Urkunden bis zum Jahre 1500 enthaltend, im Druck herausgegeben worden; eine dritte Abtheilung mit Auszügen aus den wichtigeren, der neueren Zeit angehörenden Dokumenten schließt das Werk. Die fehlenden Urkunden, deren Zahl beträchtlich ist, werden glücklicherweise zum großen Theil durch die Abschriften ersetzt, welche theils das sauber und korrekt geschriebene und bis zum Jahre 1333 reichende, aber leider nicht ganz vollständig erhaltene Kopialbuch, theils ein auf der Königlichen Bibliothek zu Hannover befindliches Diplomatarium von Walkenried aus der zweiten Hälfte des 15. Jahrhunderts in sich faßt. Auch bieten die Auszüge, welche Dringinberg seinem Register einverleibt hat, und der in diesem Register angegebene wesentliche Inhalt der Originalurkunden dem Forscher ein höchst schätzbares Material. Uebrigens sollen in Rudolstadt noch viele das Stift Walkenried koncernirende Dokumente, theils in wohlerhaltenen Originalien (darunter namentlich die allerälteste Urkunde des Stifts, nämlich diejenige, durch welche dessen Gründung vom

Kaiser Lothar II. i. J. 1132 bestätigt wird), theils in einem reichhaltigen Kopialbuche, im dortigen Gesammtarchive aufbewahrt werden, welche den Braunschweigschen Behörden bis jetzt vorenthalten sind.*) —

---

*) S. Einleitung zu dem angeführten Urkundenbuch des historischen Vereins für Niedersachsen.

Druck von G. Roth in Nordhausen.

Durch **C. Haacke's** Buchhandlung in Nordhausen ist ferner zu beziehen:

Adreßbuch für die Stadt Nordhausen. 1870. Herausgegeben von C. A. Läger. Preis 15 Sgr.

Ansicht von Nordhausen, mit Randansichten. Lithographie von F. G. Müller. Preis 15 Sgr.

v. Eberstein, Fehde Mangold's von Eberstein zum Brandenstein gegen die Reichsstadt Nürnberg 1516 — 1522. Charakterbild der rechtlichen und wirthschaftlichen Zustände im deutschen Reiche. Preis 25 Sgr.

Meyer, K. Die ehemalige Reichsburg Kyffhausen. Ein Beitrag zur Geschichte der goldenen Aue. Preis 6 Sgr.

Perschmann, Th. De Laurentii Rhodomani vita et scriptis. Preis 5 Sgr.